## はしがき

　本書は年間８回開催されるＳＧ戦、Ａ１級の選手のＧ１レースの三日目の開催のデータについて解説するものであり、競艇水面が海水での平和島競艇場をモデルにしたものです。
　ＳＧ戦は全国の競艇場やボートピヤ等で発売され一日の売上高が約数十億円、利用者が約数十万人位で一般レースやＧ２、Ｇ３のレースの約１０倍以上の額や人数である。従って、払い戻し金も、同じ人気でも高額になります。
　競艇を財テクな感覚で運用を心見れば、面白さ、楽しさが倍増すると思います。

「３日目の出目の買い方による合計払戻金」同じ手法の繰り返しで的中
「２連複の場合」
6,680円－1,600（16点×100円単位購入の利益）＝ 5,080円 （2-6R、1レース2-4点位）
「３連複の場合」
7,150円－3,000（30点×100円単位購入の利益）＝ 4,150円 （1レース 3点位 10R分）
「３連単の場合」
20,390円－1,000（10点×100円単位購入の利益＝19,390円 （11R 6点, 12R 4点 ）

　一般に競艇場（ウォータサーキット場）は、現在全国で２４箇所ありますが、それぞれに特徴があり、平和島ではツケマイ、抜きが多く、コースに関係なく勝負ができると言われていますが、思ったように当たらない、また点数が増えるのが競艇の特徴ですが、本書の方向出目で点数が絞れることを解説しています。
　決まり手の予想で解明できない不思議な作用が一定現象で現れる。本書及び表、方向出目用紙は、その現象を発見する上で役立つものと思います。

**既刊された的中率の実績**
競艇財テック方向出目による的中率の実績　ＳＧ戦　２日目
「３連複の場合」
「２日目の出目の買い方による合計払戻金」
11,950円－22点（１レース３点位で、７レース分）
11,950円－2,200＝9,750円（100円単位で購入した場合の利益）
「２連複の場合」
「水面気象情報と勝率・早見による方向出目の的中実績払戻金」
5,890円－18点（２～６レース分）
5,890円－1,800＝4,090（100円単位で購入した場合の利益）


**競艇予想する場合の方向出目用紙の詳細**
方向出目用紙には、Ｂ５版と携帯用Ｂ６版があります。
お求めの資料請求は、別紙、シリアル番号のハガキでご一報下さい。

目　次

1、平和島競艇、3日目のデータ表の解説———————————————— 9
　(1) 表の上欄の名称及び符号の解説

2、平和島競艇，3日目のデータ表
　　　平和島　ＳＧ（第４６回、総理大臣杯）2006/ 3/18
　　1 R———————————————————————————————— 11
　　2 R———————————————————————————————— 12
　　3 R———————————————————————————————— 13
　　4 R———————————————————————————————— 14
　　5 R———————————————————————————————— 15
　　6 R———————————————————————————————— 16
　　7 R———————————————————————————————— 17
　　8 R———————————————————————————————— 18
　　9 R———————————————————————————————— 19
　　10R———————————————————————————————— 20
　　11R———————————————————————————————— 21
　　12R———————————————————————————————— 22

3、3日目、出目の買い方
　(1)　番組の情報収集———————————————————————— 23
　(2)　的中内容の高額払戻金、3連複、3連単
　(3)　レースの手順—————————————————————————— 24
　　　1R
　　① 1Rの表から下記の項目を選ぶ
　　② 選んだ項目に下線を記入する———————————————————— 25
　　③ 1Rの表の下線項目を別表－1に記入すると次のようになる———— 26
　　　2R
　　① 2Rの表から下記の項目を選ぶ———————————————————— 27

3

② 選んだ項目に下線を記入する------------------------------------------ 28
　③ 2Rの表の下線項目を別表－1に記入すると次のようになる--------- 29
3R
　① 3Rの表から下記の項目を選ぶ-------------------------------------- 30
　② 選んだ項目に下線を記入する------------------------------------------ 31
　③ 3Rの表の下線項目を別表－1に記入すると次のようになる--------- 32
4R
　① 4Rの表から下記の項目を選ぶ-------------------------------------- 33
　② 選んだ項目に下線を記入する------------------------------------------ 34
　③ 4Rの表の下線項目を別表－1に記入すると次のようになる--------- 35
5R
　① 5Rの表から下記の項目を選ぶ-------------------------------------- 36
　② 選んだ項目に下線を記入する------------------------------------------ 37
　③ 5Rの表の下線項目を別表－1に記入すると次のようになる--------- 38
6R
　① 6Rの表から下記の項目を選ぶ-------------------------------------- 39
　② 選んだ項目に下線を記入する------------------------------------------ 40
　③ 6Rの表の下線項目を別表－1に記入すると次のようになる--------- 41
7R
　① 7Rの表から下記の項目を選ぶ-------------------------------------- 42
　② 選んだ項目に下線を記入する------------------------------------------ 43
　③ 7Rの表の下線項目を別表－1に記入すると次のようになる--------- 44
8R
　① 8Rの表から下記の項目を選ぶ-------------------------------------- 45
　② 選んだ項目に下線を記入する------------------------------------------ 46
　③ 8Rの表の下線項目を別表－1に記入すると次のようになる--------- 47
9R
　① 9Rの表から下記の項目を選ぶ-------------------------------------- 48
　② 選んだ項目に下線を記入する------------------------------------------ 49
　③ 9Rの表の下線項目を別表－1に記入すると次のようになる--------- 50

|10R|
　① 10Rの表から下記の項目を選ぶ------------------------------------ 51
　② 選んだ項目に下線を記入する---------------------------------------- 52
　③ 10Rの表の下線項目を別表-1に記入すると次のようになる------ 53
|11R|
　① 11Rの表から下記の項目を選ぶ------------------------------------ 54
　② 選んだ項目に下線を記入する---------------------------------------- 55
　③ 11Rの表の下線項目を別表-1に記入すると次のようになる------ 56
　④ 11Rの3連単手法---------------------------------------------------- 57
|12R|
　① 12Rの表から下記の項目を選ぶ------------------------------------ 58
　② 12Rの表の下線を記入する------------------------------------------ 59
　③ 12Rの表の下線項目を別表-1に記入すると次のようになる------ 60
　④ 12Rの3連単手法---------------------------------------------------- 61

## 4、水面気象情報と勝率・早見による方向の出目
### (1) 1Rの方向出目
　① 1Rの番組表---------------------------------------------------------- 62
　② 1Rの気象情報-------------------------------------------------------- 62
　③ 1Rの方向出目表----------------------------------------------------- 63
　④ 1Rの結果------------------------------------------------------------- 64
### (2) 2Rの方向出目
　① 2Rの番組表---------------------------------------------------------- 65
　② 2Rの気象情報-------------------------------------------------------- 65
　③ 2Rの方向出目表----------------------------------------------------- 66
　④ 2Rの結果------------------------------------------------------------- 67
### (3) 3Rの方向出目
　① 3Rの番組表---------------------------------------------------------- 68
　② 3Rの気象情報-------------------------------------------------------- 68
　③ 3Rの方向出目表----------------------------------------------------- 69
　④ 3Rの結果------------------------------------------------------------- 70

(4)　4Rの方向出目
　　① 4Rの番組表 ─────────────────────── 71
　　② 4Rの気象情報 ────────────────────── 71
　　③ 4Rの方向出目表 ───────────────────── 72
　　④ 4Rの結果 ──────────────────────── 73
(5)　5Rの方向出目
　　① 5Rの番組表 ─────────────────────── 74
　　② 5Rの気象情報 ────────────────────── 74
　　③ 5Rの方向出目表 ───────────────────── 75
　　④ 5Rの結果 ──────────────────────── 76
(6)　6Rの方向出目
　　① 6Rの番組表 ─────────────────────── 77
　　② 6Rの気象情報 ────────────────────── 77
　　③ 6Rの方向出目表 ───────────────────── 78
　　④ 6Rの結果 ──────────────────────── 79
(7)　7Rの方向出目
　　① 7Rの番組表 ─────────────────────── 80
　　② 7Rの気象情報 ────────────────────── 80
　　③ 7Rの方向出目表 ───────────────────── 81
　　④ 7Rの結果 ──────────────────────── 82
(8)　8Rの方向出目
　　① 8Rの番組表 ─────────────────────── 83
　　② 8Rの気象情報 ────────────────────── 83
　　③ 8Rの方向出目表 ───────────────────── 84
　　④ 8Rの結果 ──────────────────────── 85
(9)　9Rの方向出目
　　① 9Rの番組表 ─────────────────────── 86
　　② 9Rの気象情報 ────────────────────── 86
　　③ 9Rの方向出目表 ───────────────────── 87
　　④ 9Rの結果 ──────────────────────── 88

⑽　１０Ｒの方向出目
　　①　１０Ｒの番組表-------------------------------------------------------------- 89
　　②　１０Ｒの気象情報------------------------------------------------------------ 89
　　③　１０Ｒの方向出目表---------------------------------------------------------- 90
　　④　１０Ｒの結果---------------------------------------------------------------- 91

⑾　１１Ｒの方向出目
　　①　１１Ｒの番組表-------------------------------------------------------------- 92
　　②　１１Ｒの気象情報------------------------------------------------------------ 92
　　③　１１Ｒの方向出目表---------------------------------------------------------- 93
　　④　１１Ｒの結果---------------------------------------------------------------- 94

⑿　１２Ｒの方向出目
　　①　１２Ｒの番組表-------------------------------------------------------------- 95
　　②　１２Ｒの気象情報------------------------------------------------------------ 95
　　③　１２Ｒの方向出目表---------------------------------------------------------- 96
　　④　１２Ｒの結果---------------------------------------------------------------- 97
　　⑤　１２Ｒの方向出目表完-------------------------------------------------------- 98

５、水面気象情報と勝率・早見による方向の出目的中の実績払戻金------------ 99
⑴　予想的中払戻金、２連複
⑵　体験予想の払戻金


６、方向出目の実績
⑴　方向出目用紙による競艇予想----------------------------------------------------100
⑵　過去の方向出目による波形、江戸川、平和島、住之江競艇場
⑶　狙った出目の的中で大儲け------------------------------------------------------101

1993（平成５年）2/12　第３８回関東地区選手権競走の方向出目予想--------102

1993（平成５年）1/8　第２２回東京ダービーの方向出目予想----------------103

1992（平成４年）12/22　住之江競艇　第７回賞金王決定戦競走--------------104

7、気象・艇（部品・チルト）・展示タイム・オッズ・実況・結果の情報収集、
　　競艇場一覧-------------------------------------------------------------- 105

(1) 必要な情報-------------------------------------------------------------- 106
(2) 予想に必要な情報収集

(1) 電話情報収集、開催案内、気象状況、払戻金-------------------------------- 107

　　アンケート葉書（情報の無料案内を受けるシリアル番号）--------------後頁

1、平和島競艇（場コード０４）３日目のデータ表の解説
　表について、この表は独自にデータを収集して、一目瞭然にしたものであり、情報内容は専門紙、スポーツ新聞、競艇場等の番組表からの情報と同様のものであります。また、直前情報として、チルト、展示タイム、部品交換の情報は競艇場からの情報になります。

⑴ 表の上欄の名称及び符号の解説
　　艇番；枠に収まったボート番号
　　選手；長い氏名を四文字に省略
　　登番；登録番号
　　出身；出身地
　　才；年齢
　　血；血液型
　　体重；選手の体重
　　進入；選手が枠の艇番から進入する高いコース順をデータに基づいて表示。
　　級；級別
　　コース；進入コースによるデータに基づいたもの。（１～３着の勝率）
　　全国勝；全国の１着の勝率（最近勝率）
　　２勝率；全国の２着の勝率
　　当地勝；当地の１着の勝率
　　２勝率；当地の２着の勝率
　　モーターNo.；モーターの番号
　　２勝率；モーターの２着の勝率
　　ボートNo.；ボートの番号
　　２勝率；ボートの２着の勝率
　　開催成績；開催中の着順（枠内の前が前半レース、後が後半レース、空は出走なし）
　　　L（出遅れ）全額返還（事故率20点）
　　　F（フライング）全額返還（事故率20点）
　　　K＝欠場（怪我、体調不良、自己管理責任、K1 10点、K2 15点）
　　　S＝欠場（S0 責任外 0点、S1 選手の反則 10点、S2 選手の妨害 15点）

　　　　（事故率の事故点数が少ない方がよい。）
　　　　　失格＝エンスト、沈没、転覆、反則、不完走、落水など。
優出－勝；優出の回数－優勝の回数
早見；前半・後半、出場のレース
チルト；小さい角度は回りがよく、大きくなると伸びがよい。
調整；選手の体重、モーター、ボートの性能が同一ならば軽い方が有利、水面の荒
　　　れは重い方が安定する。
展示タイム；直線で伸びがよいのは早いタイム。
部品；交換した部品
　　テ・・・電気一式・・・（モーター不調で点検やコンデンサーの交換など）
　　キ・・・キャブレター
　　ピ・・・ピストン
　　リ・・・ピストンリング
　　シ・・・シリンダ・・・（燃焼気筒）
　　ク・・・クランクシャフ
　　プ・・・プロペラ・・（回転を上げるプロペラ調整、カップを立てる）
　　ケ・・・ギアケース・・・（バックラッの調整、ギヤの点検、ベアリングの交換）

## 2、平和島競艇, 3日目のデータ表

平和島　ＳＧ（第４６回、総理大臣杯）2006/ 3/18

１Ｒ　予選（左回り３周　Ｈ1800ｍ）

| 艇番 | 選手<br>登番/出身 | 才<br>血 | 体<br>重 | 進入 | 級<br>コース | 全国勝<br>２勝率 | 当地勝<br>２勝率 | モーターNo.<br>２勝率 | ボートNo.<br>２勝率 | 開催成績/優出-勝<br>1 2 3 4 5 6 | 早見<br>展示タイム | チルト調整 | 部品 |
|---|---|---|---|---|---|---|---|---|---|---|---|---|---|
| 1 | 原田幸哉<br>3779 愛知 | 30<br>B | 53 | 55<br>24 | A1<br>37.5 | 7.59<br>53.17 | 7.63<br>57.89 | 27<br>33.93 | 25<br>43.40 | 566<br>　　　　05-01 | 6.89 | -0.5 | プ |
| 2 | 吉川昭男<br>3582 滋賀 | 33<br>A | 50 | 54<br>36 | A1<br>64.3 | 6.85<br>53.60 | 0.00<br>0.00 | 55<br>25.57 | 24<br>37.50 | 655<br>　　　　05-02 | 8<br>6.87 | -0.5 | リ |
| 3 | 吉田徳夫<br>3452 愛知 | 35<br>B | 54 | 54<br>78.4 | A1<br>57.93 | 7.00<br>57.93 | 6.00<br>40.00 | 50<br>39.74 | 41<br>35.44 | 46 4<br>　　　　09-04 | 9<br>6.80 | 0.0 | |
| 4 | 中村有裕<br>4012 滋賀 | 26<br>0 | 54 | 24<br>15 | A1<br>70.6 | 7.93<br>58.46 | 8.11<br>66.67 | 22<br>40.82 | 33<br>32.69 | 6 62<br>　　　　05-00 | 6.89 | 0.0 | |
| 5 | 徳増秀樹<br>3744 静岡 | 31<br>A | 51 | 34<br>5 | A1<br>69.2 | 7.52<br>65.14 | 5.86<br>42.86 | 63<br>34.25 | 75<br>29.37 | 64<br>　　　　04-00 | 5<br>6.81 | -0.5 | |
| 6 | 江口晃生<br>3159 群馬 | 41<br>AB | 54 | 23<br>60.0 | A1<br>46.39 | 7.29<br>46.39 | 6.35<br>30.00 | 10<br>31.41 | 26<br>29.30 | 362<br>　　　　07-02 | 6.84 | -0.5 | |

決め手　逃げ

進入　１６２３４６

着順　①⑥④③②⑤

| 1R | 単 | 複 | 複 | | 3連単 | 3連複 | 2連単 | 2連複 | 拡連複 1~2,1~3,2~3 着 | | |
|---|---|---|---|---|---|---|---|---|---|---|---|
| | 1着 | 1着 | 2着 | 人気 | 2 | 1 | 1 | 1 | 2 | 3 | 1 |
| 払戻金 | 180 | 140 | 190 | | 1170 | 450 | 690 | 480 | 180 | 240 | 180 |

＊進入とは、１コース、２コース、３コース、４コース、５コース、６コース順の艇番を示す。

＊着順とは、１着、２着、３着に入着した艇番を示す。

## 2R 予選（左回り3周 H1800m）

| 艇番 | 選手 登番/出身 | 才 血 | 体重 | 進入コース | 級 | 全国勝2勝率 | 当地勝2勝率 | モーターNo.2勝率 | ボートNo.2勝率 | 開催成績/優出-勝 1 2 3 4 5 6 | 早見 | チルト調整 展示タイム | 部品 |
|---|---|---|---|---|---|---|---|---|---|---|---|---|---|
| 1 | 金子良昭 3156 静岡 | 41 O | 50 | 53 4 | A1 | 8.16 68.18 | 3.64 9.09 | 74 41.36 | 74 36.73 | 6 5 1 　　　 09-03 | | 0.0 6.69 | |
| 2 | 守田俊介 3721 京都 | 30 A | 55 25 | 46 73.9 | A1 | 7.98 67.03 | 6.65 40.00 | 41 37.76 | 15 40.13 | 3 5 S 　　　 08-03 | | -0.5 6.93 | |
| 3 | 深川真二 3623 佐賀 | 31 B | 49 53 | 42 55.0 | A1 | 7.67 60.00 | 6.89 44.44 | 26 43.15 | 48 34.71 | 　 3 6 1 　 05-03 | | -0.5 6.80 | |
| 4 | 池上裕次 3245 埼玉 | 41 O | 52 4 | 23 73.3 | A1 | 6.22 35.77 | 7.11 50.00 | 66 27.88 | 39 38.22 | 5 4 　　　 03-00 | 6 | -0.5 6.88 | プ |
| 5 | 中野次郎 4075 神奈 | 24 O | 53 6 | 45 70.0 | A1 | 7.17 55.13 | 6.79 56.14 | 62 28.86 | 16 32.41 | 6 6 　　　 06-03 | 7 | 0.0 6.94 | シリキ |
| 6 | 森 竜也 3268 三重 | 40 AB | 53 | 1 77.8 | A1 | 6.31 40.00 | 6.80 44.00 | 40 32.39 | 13 38.89 | 6 5 3 　　 08-02 | | -0.5 6.80 | テ |

決め手 まくり

進入 １３６２４５

着順 ①③⑤②④⑥

| 2R | 単 1着 | 複 1着 | 複 2着 | 人気 | 3連単 7 | 3連複 4 | 2連単 1 | 2連複 1 | 拡連複 1~2, 1~3, 2~3着 1　8　9 |
|---|---|---|---|---|---|---|---|---|---|
| 払戻金 | 180 | 140 | 100 | | 2450 | 1090 | 380 | 280 | 150　380　400 |

3R 予選（左回り3周 H1800m）

| 艇番 | 選手 登番/出身 | 才 血 | 体重 | 進入 | 級 コース | 全国勝 2勝率 | 当地勝 2勝率 | モーターNo. 2勝率 | ボートNo. 2勝率 | 開催成績/優出-勝 1 2 3 4 5 6 | 早見 | チルト調整 展示タイム | 部品 |
|---|---|---|---|---|---|---|---|---|---|---|---|---|---|
| 1 | 野長瀬正 3327 静岡 | 38 0 | 53 | 6 50.0 | A1 46.28 | 6.94 0.00 | 0.00 30.99 | 61 31.06 | 29 | 1 3 07-04 | 8 | -0.5 7.05 | |
| 2 | 矢後 剛 3347 東京 | 39 A | 53 25 | 16 100 | A1 33.68 | 6.22 63.95 | 7.71 33.33 | 51 34.81 | 20 | 3 3 1 05-02 | 9 | 0.0 6.90 | |
| 3 | 山本浩次 3558 岡山 | 33 A | 52 | 56 33.3 | A1 43.96 | 7.03 47.06 | 8.00 48.92 | 73 30.43 | 31 | 4 6 4 5 07-04 | | 0.0 6.84 | プ |
| 4 | 寺田 祥 3942 山口 | 27 0 | 53 4 | 56 44.4 | A1 39.33 | 6.46 0.00 | 4.78 34.78 | 45 36.02 | 56 | 2 2 4 05-02 | 10 | -0.5 6.91 | プ |
| 5 | 水野 要 2785 兵庫 | 51 0 | 52 246 | 31 75.0 | A2 44.20 | 6.07 40.00 | 5.80 28.46 | 33 33.13 | 62 | 4 4 4 04-00 | | 0.0 6.91 | |
| 6 | 坪井康晴 3959 静岡 | 28 0 | 50 3 | 54 47.4 | A1 52.25 | 7.47 66.67 | 7.33 37.17 | 54 33.95 | 46 | 5 1 2 04-01 | 7 | -0.5 6.88 | |

決め手　まくり
進入　１２３４５６
着順　③②①④⑥⑤

| 3R | 単 1着 | 複 1着 | 複 2着 | 人気 | 3連単 39 | 3連複 5 | 2連単 11 | 2連複 5 | 拡連複 1~2 6 | 1~3 8 | 2~3 着 7 |
|---|---|---|---|---|---|---|---|---|---|---|---|
| 払戻金 | 480 | 200 | 140 | | 6570 | 910 | 1790 | 830 | 320 | 350 | 330 |

4R 予選（左回り3周 H1800m）

| 艇番 | 選手 登番/出身 | 才 血 | 体重 | 進入 コース | 級 | 全国勝 2勝率 | 当地勝 2勝率 | モーターNo. 2勝率 | ボートNo. 2勝率 | 開催成績/優出-勝 1 2 3 4 5 6 | 早見 | チルト調整 展示タイム | 部品 |
|---|---|---|---|---|---|---|---|---|---|---|---|---|---|
| 1 | 田中　豪 3792 東京 | 33 A | 52 | 54 73.3 | A1 | 7.59 61.46 | 7.07 58.16 | 69 29.91 | 45 44.25 | 2 1 06-01 | 11 | -0.5 6.88 | |
| 2 | 吉川元浩 3854 兵庫 | 33 0 | 49 | 65 3 12.5 | A1 | 8.02 56.41 | 0.00 0.00 | 46 39.04 | 34 31.41 | 14 4 07-03 | 10 | 0.0 6.91 | |
| 3 | 新美進司 3312 愛知 | 41 A | 51 | 1 100 | A1 | 6.75 48.70 | 6.11 33.33 | 47 23.84 | 67 29.70 | 2 6 1 01-00 | 12 | -0.5 7.00 | |
| 4 | 長岡茂一 3227 東京 | 40 0 | 50 | 1 73.3 | A2 | 6.60 52.56 | 7.45 63.27 | 34 33.96 | 52 36.08 | 3 3 5 02-00 | | -0.5 6.95 | リ |
| 5 | 上瀧和則 3307 佐賀 | 37 A | 51 | 21 43.3 | A1 | 7.59 48.45 | 7.88 37.50 | 36 34.87 | 37 31.52 | 2 4 5 03-00 | | -0.5 6.98 | |
| 6 | 高濱芳久 3731 広島 | 32 A | 50 | 25 62.1 | A1 | 7.42 60.80 | 8.87 80.00 | 13 25.38 | 65 32.95 | 5 2 3 05-03 | | 0.0 6.93 | |

決め手　逃げ
進入　154236
着順　①④②⑤⑥③

| 4R | 単 1着 | 複 1着 | 複 2着 | 人気 | 3連単 | 3連複 | 2連単 | 2連複 | 拡連複 1~2 | 1~3 | 2~3 着 |
|---|---|---|---|---|---|---|---|---|---|---|---|
| | | | | 人気 | 26 | 3 | 10 | 7 | 6 | 1 | 9 |
| 払戻金 | 180 | 110 | 290 | | 6160 | 900 | 1880 | 1380 | 320 | 160 | 380 |

5R 予選（左回り3周 H1800m）

| 艇番 | 選手<br>登番/出身 | 才<br>血 | 体重 | 進入<br>コース | 級<br>別 | 全国勝<br>2勝率 | 当地勝<br>2勝率 | モーターNo.<br>2勝率 | ボートNo.<br>2勝率 | 開催成績/優出-勝<br>1 2 3 4 5 6 | 早見 | チルト調整<br>展示タイム | 部品 |
|---|---|---|---|---|---|---|---|---|---|---|---|---|---|
| 1 | 服部幸男<br>3422 静岡 | 35<br>B | 55 | 43<br>69.6 | A1 | 7.22<br>45.71 | 7.70<br>59.26 | 65<br>29.47 | 23<br>30.07 | 2 4<br>06-03 | 11 | 0.0<br>6.91 | |
| 2 | 徳増秀樹<br>3744 静岡 | 31<br>A | 51 | 34<br>5 69.2 | A1 | 7.52<br>65.14 | 5.86<br>42.86 | 63<br>34.25 | 75<br>29.37 | 6 4<br>04-00 | 1 | -0.5<br>6.90 | |
| 3 | 井口佳典<br>4024 三重 | 28<br>A | 54 | 56<br>81.0 | A1 | 8.00<br>62.88 | 7.22<br>50.00 | 28<br>31.89 | 63<br>36.31 | 15 1<br>07-02 | | 0.0<br>6.76 | |
| 4 | 後藤 浩<br>3497 東京 | 37<br>B | 50 | 65<br>01.6 | A1 | 7.67<br>61.06 | 6.84<br>42.11 | 59<br>30.92 | 72<br>37.33 | 5 4<br>04-00 | 9 | 0.0<br>6.80 | |
| 5 | 池田浩二<br>3941 愛知 | 27<br>0 | 54 | 1<br>96.8 | A1 | 7.05<br>45.54 | 7.50<br>43.75 | 20<br>33.72 | 55<br>31.03 | 44 3<br>07-04 | | -0.5<br>7.00 | プ |
| 6 | 植木通彦<br>3285 福岡 | 37<br>0 | 51 | 23<br>87.5 | A1 | 8.67<br>68.37 | 7.47<br>33.33 | 57<br>34.50 | 69<br>40.13 | 3 5 5<br>08-02 | 10 | -0.5<br>6.91 | リ |

決め手　まくり
進入　126345
着順　④②③⑤⑥①

| 5R | 単 | 複 | 複 | | 3連単 | 3連複 | 2連単 | 2連複 | 拡連複 1~2,1~3,2~3 着 | | |
|---|---|---|---|---|---|---|---|---|---|---|---|
| | 1着 | 1着 | 2着 | 人気 | 92 | 13 | 26 | 13 | 15 | 4 | 9 |
| 払戻金 | 980 | 430 | 450 | | 36780 | 3300 | 9890 | 3830 | 1040 | 330 | 550 |

15

6R 予選（左回り3周 H1800m）

| 艇番 | 選手 登番/出身 | 才 血 | 体重 | 進入 | 級 コース | 全国勝 2勝率 | 当地勝 2勝率 | モーターNo. 2勝率 | ボートNo. 2勝率 | 開催成績/優出-勝 1 2 3 4 5 6 | 早見 | チルト調整 展示タイム | 部品 |
|---|---|---|---|---|---|---|---|---|---|---|---|---|---|
| 1 | 平尾崇典 3822 岡山 | 33 AB | 49 | 31 2 | A1 67.9 | 6.58 40.38 | 0.00 0.00 | 60 47.54 | 59 30.00 | 1  4 <br> 06-01 | 12 | -0.5/1.0 6.91 | プ |
| 2 | 後藤孝義 3591 静岡 | 37 A | 51 | 32 4 | A2 60.0 | 6.38 48.08 | 5.17 27.78 | 29 39.49 | 49 29.56 | 334 <br> 03-01 |  | 0.0 6.87 |  |
| 3 | 池上裕次 3245 埼玉 | 41 O | 52 | 23 4 | A1 73.3 | 6.22 35.77 | 7.11 50.00 | 66 27.88 | 39 38.22 | 5 4 <br> 03-00 | 2 | -0.5 6.96 | プ |
| 4 | 横西奏恵 3774 徳島 | 31 A | 47 | 12 6 | A2 82.6 | 7.10 58.65 | 5.89 55.56 | 72 27.89 | 70 34.23 | 2 1 <br> 06-03 | 10 | 0.0 6.87 |  |
| 5 | 湯川浩司 4044 大阪 | 26 A | 51 | 45 | A1 65.2 | 7.85 60.32 | 0.00 0.00 | 49 42.95 | 47 33.54 | 15 3 <br> 03-01 | 11 | 0.0 6.81 |  |
| 6 | 笠原 亮 4019 静岡 | 26 AB | 54 | 64 53 | A1 70.0 | 6.17 35.38 | 6.57 42.86 | 23 35.71 | 19 35.85 | 123 <br> 07-01 |  | -0.5 6.99 | プ |

決め手　逃げ

進入　１２３４５６

着順　①⑤④⑥③②

| 6R | 単 1着 | 複 1着 | 複 2着 | 人気 | 3連単 2 | 3連複 1 | 2連単 1 | 2連複 1 | 拡連複 1~2 1 | 1~3 2 | 2~3 3 |
|---|---|---|---|---|---|---|---|---|---|---|---|
| 払戻金 | 180 | 140 | 170 |  | 1800 | 580 | 490 | 360 | 170 | 210 | 270 |

7R 予選（左回り3周 H1800m）

| 艇番 | 選手 登番/出身 | 才 血 | 体重 | 進入 | 級 コース | 全国勝 2勝率 | 当地勝 2勝率 | モーターNo. 2勝率 | ボートNo. 2勝率 | 開催成績/優出-勝 1 2 3 4 5 6 | 早見 | チルト調整 展示タイム | 部品 |
|---|---|---|---|---|---|---|---|---|---|---|---|---|---|
| 1 | 坪井康晴 3959 静岡 | 28 O | 50 | 54 3 | A1 47.4 | 7.47 52.25 | 7.33 66.67 | 54 37.17 | 46 33.95 | 5 1 2 ／ ／ ／ ／ 04-01 | 3 | -0.5 6.91 | |
| 2 | 中野次郎 4075 神奈 | 24 O | 53 | 45 6 | A1 70.0 | 7.17 55.13 | 6.79 56.14 | 62 28.86 | 16 32.41 | 6 6 ／ ／ ／ ／ 06-03 | 2 | 0.0 6.98 | |
| 3 | 菊地孝平 3960 静岡 | 27 AB | 53 | 45 36 | A1 87.0 | 6.64 35.80 | 8.29 85.71 | 17 45.93 | 36 38.51 | 3 1 6 ／ ／ ／ 07-04 | | 0.0 6.97 | プ |
| 4 | 今垣光太 3388 石川 | 36 A | 50 | 64 235 | A1 00.0 | 7.57 54.70 | 8.67 55.56 | 64 36.36 | 14 36.53 | 1 6 ／ ／ ／ ／ 08-02 | 11 | 0.0 6.98 | |
| 5 | 伊藤誠二 3713 愛知 | 31 B | 54 | 34 | A1 47.4 | 7.47 64.08 | 6.50 60.00 | 12 34.62 | 27 35.54 | 1 2 5 ／ ／ ／ 02-01 | | 0.0 6.90 | |
| 6 | 濱野谷憲 3590 東京 | 32 A | 54 | 43 5 | A1 52.4 | 7.21 47.42 | 8.53 71.67 | 71 36.27 | 10 29.50 | 5 2 ／ ／ ／ ／ 06-03 | 12 | 0.0 7.01 | |

決め手　抜き

進入　１３６４２５

着順　①④③②⑤⑥

| 7R | 単 1着 | 複 1着 | 複 2着 | 人気 | 3連単 4 | 3連複 1 | 2連単 1 | 2連複 2 | 拡連複 1~2,1~3,2~3 着 1　2　5 |
|---|---|---|---|---|---|---|---|---|---|
| 払戻金 | 270 | 260 | 160 | | 1860 | 490 | 590 | 380 | 140　200　320 |

8R 予選（左回り3周 H1800m）

| 艇番 | 選手 登番/出身 | 才 血 | 体重 | 進入コース | 級 | 全国勝2勝率 | 当地勝2勝率 | モーターNo.2勝率 | ボートNo.2勝率 | 開催成績/優出-勝 1 2 3 4 5 6 | 早見 | チルト調整 展示タイム | 部品 |
|---|---|---|---|---|---|---|---|---|---|---|---|---|---|
| 1 | 瓜生正義 3783 福岡 | 30 A | 51 | 24 100 | A1 | 7.45 55.10 | 8.47 58.82 | 70 34.12 | 12 36.67 | 2 6 　 　 　 　 08-01 | 12 | -0.5 7.01 | リ |
| 2 | 仲口博崇 3554 愛知 | 33 A | 50 | 1 89.5 | A1 | 7.73 52.89 | 7.65 35.29 | 75 35.03 | 44 41.21 | 2 5 1 　 　 　 03-01 |  | -0.5 6.90 |  |
| 3 | 瀬尾達也 2942 徳島 | 46 A | 53 | 65 50.0 | A1 | 7.04 49.52 | 0.00 0.00 | 38 31.28 | 18 37.74 | 6 6 1 　 　 　 01-01 |  | -0.5 6.90 |  |
| 4 | 吉川昭男 3582 滋賀 | 33 A | 50 | 54 36 64.3 | A1 | 6.85 53.60 | 0.00 0.00 | 55 25.57 | 24 37.50 | 6 5 5 　 　 　 05-02 | 1 | -0.5 7.01 | プ |
| 5 | 野長瀬正 3327 静岡 | 38 O | 53 | 6 50.0 | A1 | 6.94 46.28 | 0.00 0.00 | 61 30.99 | 29 31.06 | 1 3 　 　 　 　 07-04 | 3 | -0.5 7.13 |  |
| 6 | 柏野幸二 3436 岡山 | 36 B | 50 | 32 5 53.3 | A1 | 7.42 55.93 | 7.55 54.55 | 16 43.57 | 61 35.46 | 4 3 3 　 　 　 09-01 |  | -0.5 6.93 |  |

決め手　差し
進入　1 2 3 5 4 6
着順　②⑥①④③⑤

| 8R |  単 | 複 | 複 |  | 3連単 | 3連複 | 2連単 | 2連複 | 拡連複 1~2,1~3,2~3 着 |  |  |
|---|---|---|---|---|---|---|---|---|---|---|---|
|  | 1着 | 1着 | 2着 | 人気 | 13 | 3 | 5 | 5 | 6 | 1 | 8 |
| 払戻金 | 220 | 200 | 440 |  | 4040 | 560 | 1430 | 1160 | 260 | 130 | 360 |

9R 予選（左回り3周 H1800m）

| 艇番 | 選手 登番/出身 | 才 血 | 体重 | 進入 | 級 コース | 全国勝 2勝率 | 当地勝 2勝率 | モーターNo. 2勝率 | ボートNo. 2勝率 | 開催成績/優出-勝 1 2 3 4 5 6 | 早見 | チルト調整 展示タイム | 部品 |
|---|---|---|---|---|---|---|---|---|---|---|---|---|---|
| 1 | 中辻崇人 3876 福岡 | 29 O | 51 | 23 63.2 | A1 | 6.62 46.56 | 5.82 39.47 | 21 38.62 | 51 36.31 | 4 12 02-00 | | 0.0 6.90 | |
| 2 | 太田和美 3557 奈良 | 33 AB | 53 | 54 47.4 | A1 | 7.38 50.54 | 7.38 12.50 | 25 36.67 | 66 29.80 | S53 05-00 | | +1.0 6.86 | |
| 3 | 後藤 浩 3497 東京 | 37 B | 50 | 65 01.6 | A1 | 7.67 61.06 | 6.84 42.11 | 59 30.92 | 72 37.33 | 5 4 04-00 | 5 | 0.0 6.89 | |
| 4 | 吉田徳夫 3452 愛知 | 35 B | 54 | 1 78.4 | A1 | 7.00 57.93 | 6.00 40.00 | 50 39.74 | 41 35.44 | 46 4 09-04 | 1 | 0.0 6.97 | |
| 5 | 勝野竜司 3697 兵庫 | 33 B | 51 | 61 50.0 | A1 | 6.57 41.74 | 8.41 79.31 | 24 33.69 | 64 47.09 | 1 56 06-03 | | -0.5 6.90 | |
| 6 | 矢後 剛 3347 東京 | 39 A | 53 | 16 25 100 | A1 | 6.22 33.68 | 7.71 63.95 | 51 33.33 | 20 34.81 | 331 05-02 | 3 | 0.0 6.84 | |

決め手　差し
進入　123456
着順　③①②⑤⑥④

| 9R | 単 | 複 | 複 | | 3連単 | 3連複 | 2連単 | 2連複 | 拡連複 1~2,1~3,2~3 着 | | |
|---|---|---|---|---|---|---|---|---|---|---|---|
| | 1着 | 1着 | 2着 | 人気 | 29 | 3 | 11 | 2 | 4 | 6 | 1 |
| 払戻金 | 580 | 150 | 130 | | 6610 | 630 | 2560 | 710 | 250 | 310 | 190 |

10R 予選（左回り3周 H1800m）

| 艇番 | 選手登番/出身 | 才血 | 体重 | 進入 | 級コース | 全国勝2勝率 | 当地勝2勝率 | モーターNo.2勝率 | ボートNo.2勝率 | 開催成績/優出-勝 1 2 3 4 5 6 | 早見 | チルト調整展示タイム | 部品 |
|---|---|---|---|---|---|---|---|---|---|---|---|---|---|
| 1 | 植木通彦 3285 福岡 | 37 0 | 51 | 52 3 | A1 20.0 | 8.67 68.37 | 7.47 33.33 | 57 34.50 | 69 40.13 | 3 5 5       08-02 | 10 | -0.5 6.90 | プ |
| 2 | 寺田 祥 3942 山口 | 27 0 | 53 | 56 4 | A1 44.4 | 6.46 39.33 | 4.78 0.00 | 45 34.78 | 56 36.02 | 2 2   4     05-02 | 3 | -0.5 6.88 | プ |
| 3 | 横西奏恵 3774 徳島 | 31 A | 47 | 12 6 | A2 82.6 | 7.10 58.65 | 5.89 55.56 | 72 27.89 | 70 34.23 | 2 1         06-03 | 6 | 0.0 6.95 | |
| 4 | 別府昌樹 3873 広島 | 29 A | 51 | 56 | A1 45.5 | 7.10 58.10 | 5.69 37.50 | 15 30.20 | 57 40.12 | 3 1         05-01 | | 0.0 6.89 | |
| 5 | 吉川元浩 3854 兵庫 | 33 0 | 49 | 65 3 | A1 12.5 | 8.02 56.41 | 0.00 0.00 | 46 39.04 | 34 31.41 | 1 4   4     07-03 | 4 | 0.0 6.99 | |
| 6 | 松野京吾 3056 山口 | 49 A | 48 | 21 | A1 77.8 | 7.71 66.42 | 5.84 44.74 | 43 33.91 | 71 39.01 | 4 1   5     06-01 | | 0.0 6.84 | |

決め手　まくり

進入　162345

着順　④⑤③⑥②①

| 10R | 単 1着 | 複 1着 | 複 2着 | 人気 | 3連単 51 | 3連複 13 | 2連単 11 | 2連複 6 | 拡連複 1~2,1~3,2~3 着 7　　5　　11 |
|---|---|---|---|---|---|---|---|---|---|
| 払戻金 | 520 | 230 | 210 | | 11410 | 1900 | 2720 | 1300 | 410　　370　　510 |

11R 予選（左回り3周 H1800m）

| 艇番 | 選手<br>登番/出身 | 才<br>血 | 体重 | 進入<br>コース | 級 | 全国勝<br>2勝率 | 当地勝<br>2勝率 | モーターNo.<br>2勝率 | ボートNo.<br>2勝率 | 開催成績/優出-勝<br>1 2 3 4 5 6 | 早見 | チルト調整<br>展示タイム | 部品 |
|---|---|---|---|---|---|---|---|---|---|---|---|---|---|
| 1 | 森高一真<br>4030 香川 | 27<br>AB | 52 | 64<br>5 | A1 | 7.70<br>64.3 54.40 | 6.17<br>44.44 | 31<br>33.90 | 11<br>40.91 | 24 2<br>　　　 04-00 |  | 0.0<br>7.06 | リ |
| 2 | 今垣光太<br>3388 石川 | 36<br>A | 50 | 64<br>235 | A1<br>00.0 | 7.57<br>54.70 | 8.67<br>55.56 | 64<br>36.36 | 14<br>36.53 | 1 6<br>　　　 08-02 | 7 | 0.0<br>7.05 |  |
| 3 | 湯川浩司<br>4044 大阪 | 26<br>A | 51 | 45<br>65.2 | A1<br>60.32 | 7.85<br>0.00 | 0.00<br>42.95 | 49<br>33.54 | 47 | 15 3<br>　　　 03-01 | 6 | 0.0<br>6.97 |  |
| 4 | 山崎智也<br>3622 群馬 | 32<br>A | 52 | 34<br>50.0 | A1<br>57.14 | 8.27<br>67.39 | 8.50<br>33.71 | 32<br>35.37 | 28 | 233<br>　　　 05-02 |  | -0.5<br>6.98 |  |
| 5 | 服部幸男<br>3422 静岡 | 35<br>B | 55 | 43<br>69.6 | A1<br>45.71 | 7.22<br>59.26 | 7.70<br>29.47 | 65<br>30.07 | 23 | 24<br>　　　 06-03 | 5 | 0.0<br>6.99 |  |
| 6 | 田中　豪<br>3792 東京 | 33<br>A | 52 | 54<br>73.3 | A1<br>61.46 | 7.59<br>58.16 | 7.07<br>29.91 | 69<br>44.25 | 45 | 2 1<br>　　　 06-01 | 4 | -0.5<br>6.89 |  |

決め手　まくり
進入　152346
着順　③②①⑤④⑥

| 11R | 単 | 複 | 複 |  | 3連単 | 3連複 | 2連単 | 2連複 | 拡連複 1~2,1~3,2~3 着 |||
|---|---|---|---|---|---|---|---|---|---|---|---|
|  | 1着 | 1着 | 2着 | 人気 | 50 | 4 | 12 | 7 | 7 | 3 | 5 |
| 払戻金 | 430 | 260 | 160 |  | 9990 | 860 | 2160 | 1230 | 380 | 270 | 330 |

12R 予選（左回り3周 H1800m）

| 艇番 | 選手 登番/出身 | 才 血 | 体重 | 進入 | 級 コース | 全国勝 2勝率 | 当地勝 2勝率 | モーターNo. 2勝率 | ボートNo. 2勝率 | 開催成績/優出-勝 1 2 3 4 5 6 | 早見 | チルト調整 展示タイム | 部品 |
|---|---|---|---|---|---|---|---|---|---|---|---|---|---|
| 1 | 濱野谷憲 3590 東京 | 32 A | 54 | 43 5 | A1 52.4 | 7.21 47.42 | 8.53 71.67 | 71 36.27 | 10 29.50 | 5 2 ｜ ｜ ｜ ｜ 06-03 | 7 | 0.0 6.93 | |
| 2 | 赤岩善生 3946 愛知 | 30 A | 55 | 1 | A1 91.2 | 7.28 47.57 | 7.91 64.44 | 18 31.72 | 21 29.45 | 5 32 ｜ ｜ ｜ 05-02 | | -0.5 6.81 | プ |
| 3 | 中澤和志 3952 宮城 | 29 AB | 54 | 43 5 | A1 66.7 | 6.94 47.92 | 6.54 40.00 | 39 37.65 | 17 39.24 | 12 1 ｜ ｜ ｜ ｜ 01-00 | | 0.0 6.90 | |
| 4 | 瓜生正義 3783 福岡 | 30 A | 51 | 24 | A1 100 | 7.45 55.10 | 8.47 58.82 | 70 34.12 | 12 36.67 | 2 6 ｜ ｜ ｜ ｜ 08-01 | 8 | -0.5 6.91 | |
| 5 | 平尾崇典 3822 岡山 | 33 AB | 49 | 31 2 | A1 67.9 | 6.58 40.38 | 0.00 0.00 | 60 47.54 | 59 30.00 | 1 4 ｜ ｜ ｜ ｜ 06-01 | 6 | -0.5/1.0 6.78 | プ |
| 6 | 新美進司 3312 愛知 | 41 A | 51 | 1 | A1 100 | 6.75 48.70 | 6.11 33.33 | 47 23.84 | 67 29.70 | 2 6 1 ｜ ｜ ｜ 01-00 | 4 | -0.5 6.79 | |

決め手　抜き

進入　1 2 3 4 5 6

着順　④①②⑤⑥③

| 12R | 単 | 複 | 複 | | 3連単 | 3連複 | 2連単 | 2連複 | 拡連複 1~2,1~3,2~3 着 | | |
|---|---|---|---|---|---|---|---|---|---|---|---|
| | 1着 | 1着 | 2着 | 人気 | 51 | 8 | 13 | 5 | 4 | 9 | 3 |
| 払戻金 | 510 | 270 | 160 | | 10400 | 1310 | 2700 | 850 | 220 | 500 | 220 |

## 3、3日目、出目の買い方

### (1) 番組の情報収集

予想の情報は、専門紙、スポーツ新聞、競艇場からの番組表であり、直前情報を必要としないものであり、その内容は全国勝率、当地勝率、早見の3項目であります。

この情報を基にして、的中させるものであるから直前情報を収集の時間を省略できます。

参考；既刊の2日目の出目は4項目で初日の着順を軸としました。

### (2) 的中内容の高額払戻金

1R・・3連複　　450円－4点（1点が100円の場合、400円）＝　　　50円
2R・・3連複　1,090円－4点（1点が100円の場合、400円）＝　　690円
3R・・3連複　　910円－3点（1点が100円の場合、300円）＝　　610円
4R・・3連複　　900円－4点（1点が100円の場合、400円）＝　　500円
5R・・3日目の出目なし
6R・・3連複　　580円－3点（1点が100円の場合、300円）＝　　280円
7R・・3連複　　490円－3点（1点が100円の場合、300円）＝　　190円
8R・・3連複　　560円－1点（1点が100円の場合、100円）＝　　460円
9R・・3日目の出目なし
10R・・3日目の出目なし
11R・・3連複　　860円－3点（1点が100円の場合、300円）＝　　560円
　　　　3連単　9,990円－6点（1点が100円の場合、600円）＝ 9,390円
12R・・3連複　1,310円－2点（1点が100円の場合、200円）＝　1,110円
　　　　3連単 10,400円－4点（1点が100円の場合、400円）＝ 10,000円
　　　　　　　　　　　　　　　　　　　　　　　　　　　　　　　
　　　　3連複　　　　　7,150円－2,700（27点×100円）＝ 4,450円
　　　　3連単　　　　　20,390円－1,000（10点×100円）＝ 19,390円

このような的中率が高いSG戦を本書で解説したものであり、競艇予想の基本とも言われている各競艇場の特徴の追い風、向かい風の推理でもなく、直前情報を必要としないで同じ手法の繰り返しで的中させるものです。

⑶ レースの手順

|1R|

① 1Rの表から下記の項目を選ぶ

表の1R、3日目・・1号艇が全国勝率が1～3以内、当地勝率が1～3以内

　　　★（1枠、1号艇、全国勝率が1～3以内を軸とする。以下省略）

　　　早見なし。

　　2号艇は全国勝率、当地勝率なし

　　　早見8

　　3号艇は全国勝率、当地勝率なし

　　　早見9

　　4号艇は全国勝率が1～3以内、当地勝率が1～3以内

　　★（相手とするのは2～4枠で全国勝率が1～3以内、当地勝率が1～3以内、早見5以上で、2つ揃以上とする。（例、全・当または全・早）以下省略）

　　　早見なし

　　5号艇は全国勝率が1～3以内

　　　早見5★（早見は5レース以上を選択する。以下省略）

　　6号艇は当地勝率が1～3以内

　　　早見なし

② 選んだ項目に下線を記入する

平和島　SG（第46回、総理大臣杯）2006/ 3/18
1R 予選（左回り3周 H1800m）

| 艇番 | 選手 登番/出身 | 才 血 | 体重 | 進入 | 級 コース | 全国勝 2勝率 | 当地勝 2勝率 | モーターNo. 2勝率 | ボートNo. 2勝率 | 開催成績/優出-勝 1 2 3 4 5 6 | 早見 | チルト調整 展示タイム | 部品 |
|---|---|---|---|---|---|---|---|---|---|---|---|---|---|
| 1 | 原田幸哉 3779 愛知 | 30 B | 53 | 55 24 | A1 37.5 | <u>7.59</u> 53.17 | <u>7.63</u> 57.89 | 27 33.93 | 25 43.40 | 5<u>6</u>6 ┊ ┊ ┊ ┊ ┊ 05-01 | | -0.5 6.89 | プ |
| 2 | 吉川昭男 3582 滋賀 | 33 A | 50 | 54 36 | A1 64.3 | 6.85 53.60 | 0.00 0.00 | 55 25.57 | 24 37.50 | 6<u>5</u>5 ┊ ┊ ┊ ┊ ┊ 05-02 | <u>8</u> | -0.5 6.87 | リ |
| 3 | 吉田徳夫 3452 愛知 | 35 B | 54 | 54 | A1 78.4 | 7.00 57.93 | 6.00 40.00 | 50 39.74 | 41 35.44 | 4<u>6</u> 4 ┊ ┊ ┊ ┊ 09-04 | <u>9</u> | 0.0 6.80 | |
| 4 | 中村有裕 4012 滋賀 | 26 0 | 54 | 24 15 | A1 70.6 | <u>7.93</u> 58.46 | <u>8.11</u> 66.67 | 22 40.82 | 33 32.69 | 6 <u>6</u>2 ┊ ┊ ┊ ┊ 05-00 | | 0.0 6.89 | |
| 5 | 徳増秀樹 3744 静岡 | 31 A | 51 | 34 5 | A1 69.2 | 7.52 65.14 | 5.86 42.86 | 63 34.25 | 75 29.37 | <u>6</u>4 ┊ ┊ ┊ ┊ ┊ 04-00 | <u>5</u> | -0.5 6.81 | |
| 6 | 江口晃生 3159 群馬 | 41 AB | 54 | 23 | A1 60.0 | 7.29 46.39 | <u>6.35</u> 30.00 | 10 31.41 | 26 29.30 | 3<u>6</u>2 ┊ ┊ ┊ ┊ ┊ 07-02 | | -0.5 6.84 | |

決め手　逃げ
進入　162345
着順　①⑥④③②⑤

| 1R | 単 | 複 | 複 | | 3連単 | 3連複 | 2連単 | 2連複 | 拡連複 1~2,1~3,2~3 着 | | |
|---|---|---|---|---|---|---|---|---|---|---|---|
| | 1着 | 1着 | 2着 | 人気 | 2 | 1 | 1 | 1 | 2 | 3 | 1 |
| 払戻金 | 180 | 140 | 190 | | 1170 | 450 | 690 | 480 | 180 | 240 | 180 |

＊進入とは、1コース、2コース、3コース、4コース、5コース、6コース順の艇番を示す。
＊着順とは、1着、2着、3着に入着した艇番を示す。

### ③ １Rの表の下線項目を別表－１に記入すると次のようになる

この場合の軸は太線であり、相手は二重線となり、組は下線となる。

全国・当地・早見　　　　　　　　軸━線　相手＝　組－　（選択方法は00ページ★参照）

| 艇番 | 1R | 2R | 3R | 4R |
|---|---|---|---|---|
| 1 | <u>全 当</u> --------1 | | | |
| 2 | <u>早</u> | | | |
| 3 | <u>早</u> | | | |
| 4 | <u>全 当</u> --------3 | | | |
| 5 | <u>全 早</u> | | | |
| 6 | <u>当</u> ------------2 | | | |
| 決め手 | 逃げ | | | |
| 投票点数 | 4 | | | |
| 3連複 | 450（的中） | | | |
| | | | | |

１号艇はレース結果が１着（---１の意味は、１着、以下省略）

４号艇はレース結果が３着

６号艇はレース結果が２着

| 1R | 単 | 複 | 複 | | 3連単 | 3連複 | 2連単 | 2連複 | 拡連複 | 1~2,1~3,2~3 着 | |
|---|---|---|---|---|---|---|---|---|---|---|---|
| | 1着 | 1着 | 2着 | 人気 | 2 | 1 | 1 | 1 | 2 | 3 | 1 |
| 払戻金 | 180 | 140 | 190 | | 1170 | 450 | 690 | 480 | 180 | 240 | 180 |

2R

① 2Rの表から下記の項目を選ぶ

表の2R、3日目・・1号艇は全国勝率が1～3以内

　　　　　　　早見なし

　　　　　2号艇は全国勝率が1～3以内

　　　　　　　早見なし

　　　　　3号艇は全国勝率が1～3以内、当地勝率が1～3以内

　　　　　　　早見なし

　　　　　4号艇は当地勝率が1～3以内

　　　　　　　早見6

　　　　　5号艇は全国勝率、当地勝率なし

　　　　　　　早見7

　　　　　6号艇は当地勝率が1～3以内

　　　　　　　早見なし

② 選んだ項目に下線を記入する

2R 予選（左回り3周 H1800m）

| 艇番 | 選手登番/出身 | 才血 | 体重 | 進入 | 級コース | 全国勝2勝率 | 当地勝2勝率 | モーターNo.2勝率 | ボートNo.2勝率 | 開催成績/優出-勝 1 2 3 4 5 6 | 早見 | チルト調整展示タイム | 部品 |
|---|---|---|---|---|---|---|---|---|---|---|---|---|---|
| 1 | 金子良昭 3156 静岡 | 41 0 | 50 4 | 53 00.0 | A1 | 8.16 68.18 | 3.64 9.09 | 74 41.36 | 74 36.73 | 6 51            09-03 | | 0.0 6.69 | |
| 2 | 守田俊介 3721 京都 | 30 A | 55 25 | 46 73.9 | A1 | 7.98 67.03 | 6.65 40.00 | 41 37.76 | 15 40.13 | 35 S            08-03 | | -0.5 6.93 | |
| 3 | 深川真二 3623 佐賀 | 31 B | 49 53 | 42 55.0 | A1 | 7.67 60.00 | 6.89 44.44 | 26 43.15 | 48 34.71 | 361            05-03 | | -0.5 6.80 | |
| 4 | 池上裕次 3245 埼玉 | 41 0 | 52 4 | 23 73.3 | A1 | 6.22 35.77 | 7.11 50.00 | 66 27.88 | 39 38.22 | 5 4            03-00 | 6 | -0.5 6.88 | プ |
| 5 | 中野次郎 4075 神奈 | 24 0 | 53 6 | 45 70.0 | A1 | 7.17 55.13 | 6.79 56.14 | 62 28.86 | 16 32.41 | 6 6            06-03 | 7 | 0.0 6.94 | シリキ |
| 6 | 森　竜也 3268 三重 | 40 AB | 53 | 1 77.8 | A1 | 6.31 40.00 | 6.80 44.00 | 40 32.39 | 13 38.89 | 653            08-02 | | -0.5 6.80 | テ |

決め手　まくり

進入　136245

着順　①③⑤②④⑥

| 2R | 単 | 複 | 複 | | 3連単 | 3連複 | 2連単 | 2連複 | 拡連複 1~2,1~3,2~3 着 | | |
|---|---|---|---|---|---|---|---|---|---|---|---|
| | 1着 | 1着 | 2着 | 人気 | 7 | 4 | 1 | 1 | 1 | 8 | 9 |
| 払戻金 | 180 | 140 | 100 | | 2450 | 1090 | 380 | 280 | 150 | 380 | 400 |

③ 2Rの表の下線項目を別表-1に記入すると次のようになる
この場合の軸は太線であり、相手は二重線となり、組は下線となる。

全国・当地・早見　　　　　　　　軸━線　相手＝　組－　（選択方法は00ページ★参照）

| 艇番 | 1R | 2R | 3R | 4R |
|---|---|---|---|---|
| 1 | <u>全 当</u> --------1 | <u>全</u>------------1 | | |
| 2 | 早 | 当 | | |
| 3 | 早 | <u>全 当</u>--------2 | | |
| 4 | <u>全 当</u>--------3 | 当 早 | | |
| 5 | <u>全 早</u> | 早------------3 | | |
| 6 | 当 ----------2 | 全 | | |
| 決め手 | 逃げ | まくり | | |
| 投票点数 | 4 | 4 | | |
| 3連複 | 450（的中） | 1090（的中） | | |
| | | | | |

1号艇はレース結果が1着
3号艇はレース結果が2着
5号艇はレース結果が3着

| 2R | 単 | 複 | 複 | | 3連単 | 3連複 | 2連単 | 2連複 | 拡連複 | 1~2,1~3,2~3着 | |
|---|---|---|---|---|---|---|---|---|---|---|---|
| | 1着 | 1着 | 2着 | 人気 | 7 | 4 | 1 | 1 | 1 | 8 | 9 |
| 払戻金 | 180 | 140 | 100 | | 2450 | 1090 | 380 | 280 | 150 | 380 | 400 |

3R

① 3Rの表から下記の項目を選ぶ

表の3R、3日目・・1号艇は全国勝率が1～3以内

　　　　　早見8

　　　　2号艇は当地勝率が1～3以内

　　　　　早見9

　　　　3号艇は全国勝率が1～3以内、当地勝率が1～3以内

　　　　　★（相手とすることは、24頁参照）

　　　　　早見なし

　　　　4号艇は全国勝率、当地勝率なし

　　　　　早見10

　　　　5号艇は全国勝率、当地勝率なし

　　　　　早見なし

　　　　6号艇は全国勝率が1～3以内、当地勝率が1～3以内

　　　　　早見7

② 選んだ項目に下線を記入する

3R 予選（左回り3周 H1800m）

| 艇番 | 選手<br>登番/出身 | 才<br>血 | 体重 | 進入 | 級<br>コース | 全国勝<br>2勝率 | 当地勝<br>2勝率 | モーターNo.<br>2勝率 | ボートNo.<br>2勝率 | 開催成績/優出-勝<br>1 2 3 4 5 6 | 早見 | チルト調整<br>展示タイム | 部品 |
|---|---|---|---|---|---|---|---|---|---|---|---|---|---|
| 1 | 野長瀬正<br>3327 静岡 | 38<br>0 | 53 | 6 | A1<br>50.0 | 6.94<br>46.28 | 0.00<br>0.00 | 61<br>30.99 | 29<br>31.06 | 1 3<br>　　　　07-04 | 8 | -0.5<br>7.05 | |
| 2 | 矢後　剛<br>3347 東京 | 39<br>A | 53 | 16<br>25 | A1<br>100 | 6.22<br>33.68 | 7.71<br>63.95 | 51<br>33.33 | 20<br>34.81 | 33 1<br>　　　　05-02 | 9 | 0.0<br>6.90 | |
| 3 | 山本浩次<br>3558 岡山 | 33<br>A | 52 | 56<br>33.3 | A1<br>43.96 | 7.03<br>43.96 | 8.00<br>47.06 | 73<br>48.92 | 31<br>30.43 | 46 45<br>　　　　07-04 | | 0.0<br>6.84 | プ |
| 4 | 寺田　祥<br>3942 山口 | 27<br>0 | 53 | 56<br>4 | A1<br>44.4 | 6.46<br>39.33 | 4.78<br>0.00 | 45<br>34.78 | 56<br>36.02 | 22 4<br>　　　　05-02 | 10 | -0.5<br>6.91 | プ |
| 5 | 水野　要<br>2785 兵庫 | 51<br>0 | 52 | 31<br>246 | A2<br>75.0 | 6.07<br>44.20 | 5.80<br>40.00 | 33<br>28.46 | 62<br>33.13 | 44 4<br>　　　　04-00 | | 0.0<br>6.91 | |
| 6 | 坪井康晴<br>3959 静岡 | 28<br>0 | 50 | 54<br>3 | A1<br>47.4 | 7.47<br>52.25 | 7.33<br>66.67 | 54<br>37.17 | 46<br>33.95 | 51 2<br>　　　　04-01 | 7 | -0.5<br>6.88 | |

決め手　まくり
進入　1 2 3 4 5 6
着順　③②①④⑥⑤

| 3R | 単 | 複 | 複 | | 3連単 | 3連複 | 2連単 | 2連複 | 拡連複 1~2,1~3,2~3 着 | | |
|---|---|---|---|---|---|---|---|---|---|---|---|
| | 1着 | 1着 | 2着 | 人気 | 39 | 5 | 11 | 5 | 6 | 8 | 7 |
| 払戻金 | 480 | 200 | 140 | | 6570 | 910 | 1790 | 830 | 320 | 350 | 330 |

③ 3Rの表の下線項目を別表－1に記入すると次のようになる

この場合の軸は太線であり、相手は二重線となり、組は下線となる。

全国・当地・早見　　　　　　　　軸━線　相手＝　組－　（選択方法は00ページ★参照）

| 艇番 | 1R | 2R | 3R | 4R |
|---|---|---|---|---|
| 1 | 全 当 ――――― 1 | 全 ――――― 1 | 全 早 ――――― 3 | |
| 2 | 早 | 当 | 当 早 ――――― 2 | |
| 3 | 早 | 全 当 ――――― 2 | 全 早 ――――― 1 | |
| 4 | 全 当 ――――― 3 | 当 早 | 早 | |
| 5 | 全 早 | 早 ――――― 3 | | |
| 6 | 当 ――――― 2 | 全 | 全 当 早 | |
| 決め手 | 逃げ | まくり | まくり | |
| 投票点数 | 4 | 4 | 3 | |
| 3連複 | 450（的中） | 1090（的中） | 910（的中） | |
| | | | | |

1号艇はレース結果が3着
2号艇はレース結果が2着
3号艇はレース結果が1着

| 3R | 単 | 複 | 複 | | 3連単 | 3連複 | 2連単 | 2連複 | 拡連複 | 1~2,1~3,2~3 着 | |
|---|---|---|---|---|---|---|---|---|---|---|---|
| | 1着 | 1着 | 2着 | 人気 | 39 | 5 | 11 | 5 | 6 | 8 | 7 |
| 払戻金 | 480 | 200 | 140 | | 6570 | 910 | 1790 | 830 | 320 | 350 | 330 |

4R

① 4Rの表から下記の項目を選ぶ

表の4R、3日目‥1号艇は全国勝率が1～3以内

　　　　　早見11

　　　2号艇は全国勝率が1～3以内

　　　　　早見10

　　　3号艇は全国勝率、当地勝率なし

　　　　　早見12

　　　4号艇は当地勝率が1～3以内

　　　　早見なし

　　　5号艇は全国勝率が1～3以内、当地勝率が1～3以内

　　　　早見なし

　　　6号艇当地勝率が1～3以内

　　　　早見なし

② 選んだ項目に下線を記入する

4R 予選（左回り3周 H1800m）

| 艇番 | 選手<br>登番/出身 | 才<br>血 | 体重 | 進入<br>コース | 級 | 全国勝<br>2勝率 | 当地勝<br>2勝率 | モーターNo.<br>2勝率 | ボートNo.<br>2勝率 | 開催成績/優出-勝<br>1 2 3 4 5 6 | 早見 | チルト調整<br>展示タイム | 部品 |
|---|---|---|---|---|---|---|---|---|---|---|---|---|---|
| 1 | 田中　豪<br>3792 東京 | 33<br>A | 52 | 54<br>73.3 | A1 | 7.59<br>61.46 | 7.07<br>58.16 | 69<br>29.91 | 45<br>44.25 | 2 1<br>　　　06-01 | 11 | -0.5<br>6.88 | |
| 2 | 吉川元浩<br>3854 兵庫 | 33<br>0 | 49 | 65<br>3 12.5 | A1 | 8.02<br>56.41 | 0.00<br>0.00 | 46<br>39.04 | 34<br>31.41 | 14 4<br>　　　07-03 | 10 | 0.0<br>6.91 | |
| 3 | 新美進司<br>3312 愛知 | 41<br>A | 51 | 1<br>100 | A1 | 6.75<br>48.70 | 6.11<br>33.33 | 47<br>23.84 | 67<br>29.70 | 261<br>　　　01-00 | 12 | -0.5<br>7.00 | |
| 4 | 長岡茂一<br>3227 東京 | 40<br>0 | 50 | 1<br>73.3 | A2 | 6.60<br>52.56 | 7.45<br>63.27 | 34<br>33.96 | 52<br>36.08 | 335<br>　　　02-00 | | -0.5<br>6.95 | リ |
| 5 | 上瀧和則<br>3307 佐賀 | 37<br>A | 51 | 21<br>43.3 | A1 | 7.59<br>48.45 | 7.88<br>37.50 | 36<br>34.87 | 37<br>31.52 | 24 5<br>　　　03-00 | | -0.5<br>6.98 | |
| 6 | 高濱芳久<br>3731 広島 | 32<br>A | 50 | 25<br>62.1 | A1 | 7.42<br>60.80 | 8.87<br>80.00 | 13<br>25.38 | 65<br>32.95 | 5 23<br>　　　05-03 | | 0.0<br>6.93 | |

決め手　逃げ
進入　154236
着順　①④②⑤⑥③

| 4R | 単<br>1着 | 複<br>1着 | 複<br>2着 | 人気 | 3連単<br>26 | 3連複<br>3 | 2連単<br>10 | 2連複<br>7 | 拡連複 1~2,1~3,2~3 着<br>6　　1　　9 |
|---|---|---|---|---|---|---|---|---|---|
| 払戻金 | 180 | 110 | 290 | | 6160 | 900 | 1880 | 1380 | 320　160　380 |

③ 4Rの表の下線項目を別表−1に記入すると次のようになる
この場合の軸は太線であり、相手は二重線となり、組は下線となる。

全国・当地・早見　　　　　　　　軸━線　相手＝　組−　（選択方法は00ページ★参照）

| 艇番 | 1R | 2R | 3R | 4R |
|---|---|---|---|---|
| 1 | 全当 --------1 | 全--------1 | 全早--------3 | 全早--------1 |
| 2 | 早 | 当 | 当早--------2 | 全早--------3 |
| 3 | 早 | 全当--------2 | 全早--------1 | 早 |
| 4 | 全当--------3 | 当早 | 早 | 当--------2 |
| 5 | 全早 | 早--------3 |  | 全当 |
| 6 | 当--------2 | 全 | 全当早 | 当 |
| 決め手 | 逃げ | まくり | まくり | 逃げ |
| 投票点数 | 4 | 4 | 3 | 4 |
| 3連複 | 450（的中） | 1090（的中） | 910（的中） | 900（的中） |

1号艇はレース結果が1着
2号艇はレース結果が3着
4号艇はレース結果が2着

| 4R | 単 | 複 | 複 |  | 3連単 | 3連複 | 2連単 | 2連複 | 拡連複 1~2,1~3,2~3 着 | | |
|---|---|---|---|---|---|---|---|---|---|---|---|
|  | 1着 | 1着 | 2着 | 人気 | 26 | 3 | 10 | 7 | 6 | 1 | 9 |
| 払戻金 | 180 | 110 | 290 |  | 6160 | 900 | 1880 | 1380 | 320 | 160 | 380 |

5R

① 5Rの表から下記の項目を選ぶ

表の5R、3日目・・1号艇は当地勝率が1～3以内

　　　★（軸なし、24頁参照）

　　　早見11

2号艇は全国勝率、当地勝率なし

　　　早見9

3号艇は全国勝率が1～3以内

　　　早見なし

4号艇は全国勝率が1～3以内

　　　早見9

5号艇は当地勝率が1～3以内

　　　早見なし

6号艇は全国勝率が1～3以内、当地勝率が1～3以内

　　　早見10

② 選んだ項目に下線を記入する

5R 予選（左回り3周 H1800m）

| 艇番 | 選手<br>登番/出身 | 才<br>血 | 体重 | 進入<br>コース | 級 | 全国勝<br>2勝率 | 当地勝<br>2勝率 | モーターNo.<br>2勝率 | ボートNo.<br>2勝率 | 開催成績/優出-勝<br>1 2 3 4 5 6 | 早見 | チルト調整<br>展示タイム | 部品 |
|---|---|---|---|---|---|---|---|---|---|---|---|---|---|
| 1 | 服部幸男<br>3422 静岡 | 35<br>B | 55 | 43<br>69.6 | A1 | 7.22<br>45.71 | 7.70<br>59.26 | 65<br>29.47 | 23<br>30.07 | 2 4<br>06-03 | 11 | 0.0<br>6.91 | |
| 2 | 徳増秀樹<br>3744 静岡 | 31<br>A | 51 | 34<br>5 69.2 | A1 | 7.52<br>65.14 | 5.86<br>42.86 | 63<br>34.25 | 75<br>29.37 | 6 4<br>04-00 | 1 | -0.5<br>6.90 | |
| 3 | 井口佳典<br>4024 三重 | 28<br>A | 54 | 56<br>81.0 | A1 | 8.00<br>62.88 | 7.22<br>50.00 | 28<br>31.89 | 63<br>36.31 | 15 1<br>07-02 | | 0.0<br>6.76 | |
| 4 | 後藤 浩<br>3497 東京 | 37<br>B | 50 | 65<br>01.6 | A1 | 7.67<br>61.06 | 6.84<br>42.11 | 59<br>30.92 | 72<br>37.33 | 5 4<br>04-00 | 9 | 0.0<br>6.80 | |
| 5 | 池田浩二<br>3941 愛知 | 27<br>O | 54 | 1<br>96.8 | A1 | 7.05<br>45.54 | 7.50<br>43.75 | 20<br>33.72 | 55<br>31.03 | 443<br>07-04 | | -0.5<br>7.00 | プ |
| 6 | 植木通彦<br>3285 福岡 | 37<br>O | 51 | 23<br>87.5 | A1 | 8.67<br>68.37 | 7.47<br>33.33 | 57<br>34.50 | 69<br>40.13 | 355<br>08-02 | 10 | -0.5<br>6.91 | リ |

決め手　まくり
進入　１２６３４５
着順　④②③⑤⑥①

| 5R | 単 | 複 | 複 | | 3連単 | 3連複 | 2連単 | 2連複 | 拡連複 1~2,1~3,2~3 着 | | |
|---|---|---|---|---|---|---|---|---|---|---|---|
| | 1着 | 1着 | 2着 | 人気 | 92 | 13 | 26 | 13 | 15 | 4 | 9 |
| 払戻金 | 980 | 430 | 450 | | 36780 | 3300 | 9890 | 3830 | 1040 | 330 | 550 |

③ 5Rの表の下線項目を別表－1に記入すると次のようになる

この場合の軸は太線であり、相手は二重線となり、組は下線となる。

全国・当地・早見　　　　　　　　　軸━線　相手＝　組－　（選択方法は00ページ★参照）

| 艇番 | 5R | 6R | 7R | 8R |
|---|---|---|---|---|
| 1 | 当 早----------3 | | | |
| 2 | ---------------2 | | | |
| 3 | 全------------1 | | | |
| 4 | 全 早 | | | |
| 5 | 当 | | | |
| 6 | 全 早 | | | |
| 決め手 | まくり | | | |
| 投票点数 | 見送り | | | |
| 3連複 | 3300 | | | |
| | | | | |

1号艇はレース結果が3着（---1の意味は、1着、以下省略）

2号艇はレース結果が2着

3号艇はレース結果が1着

| 5R | 単 | 複 | 複 | | 3連単 | 3連複 | 2連単 | 2連複 | 拡連複 | 1~2, | 1~3, | 2~3 着 |
|---|---|---|---|---|---|---|---|---|---|---|---|---|
| | 1着 | 1着 | 2着 | 人気 | 92 | 13 | 26 | 13 | 15 | 4 | | 9 |
| 払戻金 | 980 | 430 | 450 | | 36780 | 3300 | 9890 | 3830 | 1040 | 330 | | 550 |

6 R

① ６Ｒの表から下記の項目を選ぶ

表の６Ｒ、３日目・・１号艇は全国勝率が１～３以内

　　　　　　　早見１２

　　　　　２号艇は全国勝率、当地勝率なし

　　　　　　　早見なし

　　　　　３号艇は当地勝率が１～３以内

　　　　　　　早見なし

　　　　　４号艇は全国勝率が１～３以内

　　　　　　　早見１０

　　　　　５号艇は全国勝率が１～３以内

　　　　　　　早見１１

　　　　　６号艇は当地勝率が１～３以内

　　　　　　　早見なし

② 選んだ項目に下線を記入する

6R 予選（左回り3周 H1800m）

| 艇番 | 選手登番/出身 | 才血 | 体重 | 進入 | 級コース | 全国勝2勝率 | 当地勝2勝率 | モーターNo.2勝率 | ボートNo.2勝率 | 開催成績/優出-勝 1 2 3 4 5 6 | 早見 | チルト調整展示タイム | 部品 |
|---|---|---|---|---|---|---|---|---|---|---|---|---|---|
| 1 | 平尾崇典 3822 岡山 | 33 AB | 49 | 31 2 | A1 67.9 | 6.58 40.38 | 0.00 0.00 | 60 47.54 | 59 30.00 | 1　4　　　　　　06-01 | 12 | -0.5/1.0 6.91 | プ |
| 2 | 後藤孝義 3591 静岡 | 37 A | 51 | 32 4 | A2 60.0 | 6.38 48.08 | 5.17 27.78 | 29 39.49 | 49 29.56 | 334　　　　　　03-01 | | 0.0 6.87 | |
| 3 | 池上裕次 3245 埼玉 | 41 0 | 52 | 23 4 | A1 73.3 | 6.22 35.77 | 7.11 50.00 | 66 27.88 | 39 38.22 | 5　4　　　　　　03-00 | 2 | -0.5 6.96 | プ |
| 4 | 横西奏恵 3774 徳島 | 31 A | 47 | 12 6 | A2 82.6 | 7.10 58.65 | 5.89 55.56 | 72 27.89 | 70 34.23 | 2　1　　　　　　06-03 | 10 | 0.0 6.87 | |
| 5 | 湯川浩司 4044 大阪 | 26 A | 51 | 45 | A1 65.2 | 7.85 60.32 | 0.00 0.00 | 49 42.95 | 47 33.54 | 15　3　　　　　　03-01 | 11 | 0.0 6.81 | |
| 6 | 笠原 亮 4019 静岡 | 26 AB | 54 53 | 64 | A1 70.0 | 6.17 35.38 | 6.57 42.86 | 23 35.71 | 19 35.85 | 123　　　　　　07-01 | | -0.5 6.99 | プ |

決め手　逃げ

進入　1 2 3 4 5 6

着順　①⑤④⑥③②

| 6R | 単 | 複 | 複 | | 3連単 | 3連複 | 2連単 | 2連複 | 拡連複 1~2,1~3,2~3 着 | | |
|---|---|---|---|---|---|---|---|---|---|---|---|
| | 1着 | 1着 | 2着 | 人気 | 2 | 1 | 1 | 1 | 1 | 2 | 3 |
| 払戻金 | 180 | 140 | 170 | | 1800 | 580 | 490 | 360 | 170 | 210 | 270 |

③ 6Rの表の下線項目を別表－1に記入すると次のようになる

この場合の軸は太線であり、相手は二重線となり、組は下線となる。

全国・当地・早見　　　　　　　　　軸━線　相手＝　組－　（選択方法は00ページ★参照）

| 艇番 | 5R | 6R | 7R | 8R |
|---|---|---|---|---|
| 1 | 当 早---------3 | 全 早---------1 | | |
| 2 | ---------------2 | | | |
| 3 | 全-----------1 | 当 | | |
| 4 | 全 早 | 全 当 早------3 | | |
| 5 | 当 | 全 早---------2 | | |
| 6 | 全 早 | 当 | | |
| 決め手 | まくり | 逃げ | | |
| 投票点数 | 見送り | 3 | | |
| 3連複 | 3300 | 580 | | |
| | | | | |

1号艇はレース結果が1着（---1の意味は、1着、以下省略）

4号艇はレース結果が3着

5号艇はレース結果が2着

| 6R | 単 | 複 | 複 | | 3連単 | 3連複 | 2連単 | 2連複 | 拡連複 | 1~2,1~3,2~3 着 | |
|---|---|---|---|---|---|---|---|---|---|---|---|
| | 1着 | 1着 | 2着 | 人気 | 2 | 1 | 1 | 1 | 1 | 2 | 3 |
| 払戻金 | 180 | 140 | 170 | | 1800 | 580 | 490 | 360 | 170 | 210 | 270 |

41

[7R]

① 7Rの表から下記の項目を選ぶ

　表の7R、3日目‥1号艇は全国勝率が1～3以内

　　　　　　　早見なし

　　　　　　2号艇は全国勝率、当地勝率なし

　　　　　　　早見なし

　　　　　　3号艇は当地勝率が1～3以内

　　　　　　　早見なし

　　　　　　4号艇は全国勝率が1～3以内、当地勝率が1～3以内

　　　　　　　早見11

　　　　　　5号艇は全国勝率が1～3以内

　　　　　　　早見なし

　　　　　　6号艇は当地勝率が1～3以内

　　　　　　　早見12

② 選んだ項目に下線を記入する

7R 予選（左回り3周 H1800m）

| 艇番 | 選手<br>登番/出身 | 才<br>血 | 体重 | 進入 | 級<br>コース | 全国勝<br>2勝率 | 当地勝<br>2勝率 | モーターNo.<br>2勝率 | ボートNo.<br>2勝率 | 開催成績/優出-勝<br>1 2 3 4 5 6 | 早見 | チルト調整<br>展示タイム | 部品 |
|---|---|---|---|---|---|---|---|---|---|---|---|---|---|
| 1 | 坪井康晴<br>3959 静岡 | 28<br>O | 50 | 54<br>3 | A1<br>47.4 | 7.47<br>52.25 | 7.33<br>66.67 | 54<br>37.17 | 46<br>33.95 | 5 1 2<br>　　　 04-01 | 3 | -0.5<br>6.91 | |
| 2 | 中野次郎<br>4075 神奈 | 24<br>O | 53 | 45<br>6 | A1<br>70.0 | 7.17<br>55.13 | 6.79<br>56.14 | 62<br>28.86 | 16<br>32.41 | 6 6<br>　　　 06-03 | 2 | 0.0<br>6.98 | |
| 3 | 菊地孝平<br>3960 静岡 | 27<br>AB | 53 | 45<br>36 | A1<br>87.0 | 6.64<br>35.80 | 8.29<br>85.71 | 17<br>45.93 | 36<br>38.51 | 3 16<br>　　　 07-04 | | 0.0<br>6.97 | プ |
| 4 | 今垣光太<br>3388 石川 | 36<br>A | 50 | 64<br>235 | A1<br>00.0 | 7.57<br>54.70 | 8.67<br>55.56 | 64<br>36.36 | 14<br>36.53 | 1 6<br>　　　 08-02 | 11 | 0.0<br>6.98 | |
| 5 | 伊藤誠二<br>3713 愛知 | 31<br>B | 54 | 34<br>47.4 | A1 | 7.47<br>64.08 | 6.50<br>60.00 | 12<br>34.62 | 27<br>35.54 | 1 25<br>　　　 02-01 | | 0.0<br>6.90 | |
| 6 | 濱野谷憲<br>3590 東京 | 32<br>A | 54 | 43<br>5 | A1<br>52.4 | 7.21<br>47.42 | 8.53<br>71.67 | 71<br>36.27 | 10<br>29.50 | 5 2<br>　　　 06-03 | 12 | 0.0<br>7.01 | |

決め手　抜き
進入　136425
着順　①④③②⑤⑥

| 7R | 単<br>1着 | 複<br>1着 | 複<br>2着 | 人気 | 3連単<br>4 | 3連複<br>1 | 2連単<br>1 | 2連複<br>2 | 拡連複 1~2,1~3,2~3 着 | | |
|---|---|---|---|---|---|---|---|---|---|---|---|
| | | | | | | | | | 1 | 2 | 5 |
| 払戻金 | 270 | 260 | 160 | | 1860 | 490 | 590 | 380 | 140 | 200 | 320 |

③ 7Rの表の下線項目を別表－1に記入すると次のようになる

この場合の軸は太線であり、相手は二重線となり、組は下線となる。

全国・当地・早見　　　　　　　　軸━線　相手＝　組－　（選択方法は00ページ★参照）

| 艇番 | 5R | 6R | 7R | 8R |
|---|---|---|---|---|
| 1 | 当 早----------3 | 全 早----------1 | <u>全</u>------------1 | |
| 2 | ------------2 | | | |
| 3 | 全----------1 | 当 | <u>当</u>------------3 | |
| 4 | 全 早 | 全 早----------3 | <u>全 早</u>----------2 | |
| 5 | <u>当</u> | 全 早----------2 | <u>全</u> | |
| 6 | 全 早 | 当 | <u>全 早</u> | |
| 決め手 | まくり | 逃げ | 抜き | |
| 投票点数 | 見送り | 3 | 3 | |
| 3連複 | 3300 | 580 | 490 | |
| | | | | |

1号艇はレース結果が1着（---1の意味は、1着、以下省略）

3号艇はレース結果が3着

4号艇はレース結果が2着

| 7R | 単 | 複 | 複 | | 3連単 | 3連複 | 2連単 | 2連複 | 拡連複 | 1~2,1~3,2~3 着 | |
|---|---|---|---|---|---|---|---|---|---|---|---|
| | 1着 | 1着 | 2着 | 人気 | 4 | 1 | 1 | 2 | 1 | 2 | 5 |
| 払戻金 | 270 | 260 | 160 | | 1860 | 490 | 590 | 380 | 140 | 200 | 320 |

8R

① 8Rの表から下記の項目を選ぶ

表の8R、3日目‥1号艇は全国勝率が1～3以内、当地勝率が1～3以内

早見12

2号艇は全国勝率が1～3以内、当地勝率が1～3以内

早見なし

3号艇は全国勝率、当地勝率なし

早見なし

4号艇は全国勝率、当地勝率なし

早見なし

5号艇は全国勝率、当地勝率なし

早見なし

6号艇は全国勝率が1～3以内、当地勝率が1～3以内

早見なし

② 選んだ項目に下線を記入する

8R 予選（左回り3周 H1800m）

| 艇番 | 選手 登番/出身 | 才 血 | 体重 | 進入コース | 級 | 全国勝2勝率 | 当地勝2勝率 | モーターNo.2勝率 | ボートNo.2勝率 | 開催成績/優出-勝 1 2 3 4 5 6 | 早見 | チルト調整 展示タイム | 部品 |
|---|---|---|---|---|---|---|---|---|---|---|---|---|---|
| 1 | 瓜生正義 3783 福岡 | 30 A | 51 | 24 100 | A1 | <u>7.45</u> 55.10 | <u>8.47</u> 58.82 | 70 34.12 | 12 36.67 | 2 6   08-01 | <u>12</u> | -0.5 7.01 | リ |
| 2 | 仲口博崇 3554 愛知 | 33 A | 50 | 1 89.5 | A1 | <u>7.73</u> 52.89 | <u>7.65</u> 35.29 | 75 35.03 | 44 41.21 | 251   03-01 | | -0.5 6.90 | |
| 3 | 瀬尾達也 2942 徳島 | 46 A | 53 | 65 50.0 | A1 | 7.04 49.52 | 0.00 0.00 | 38 31.28 | 18 37.74 | 661   01-01 | | -0.5 6.90 | |
| 4 | 吉川昭男 3582 滋賀 | 33 A | 50 | 54 36 64.3 | A1 | 6.85 53.60 | 0.00 0.00 | 55 25.57 | 24 37.50 | 655   05-02 | 1 | -0.5 7.01 | プ |
| 5 | 野長瀬正 3327 静岡 | 38 0 | 53 | 6 50.0 | A1 | 6.94 46.28 | 0.00 0.00 | 61 30.99 | 29 31.06 | 1 3   07-04 | 3 | -0.5 7.13 | |
| 6 | 柏野幸二 3436 岡山 | 36 B | 50 | 32 5 53.3 | A1 | <u>7.42</u> 55.93 | <u>7.55</u> 54.55 | 16 43.57 | 61 35.46 | 4 33   09-01 | | -0.5 6.93 | |

決め手　差し
進入　123546
着順　②⑥①④③⑤

| 8R | 単 | 複 | 複 | | 3連単 | 3連複 | 2連単 | 2連複 | 拡連複 1~2,1~3,2~3 着 | | |
|---|---|---|---|---|---|---|---|---|---|---|---|
| | 1着 | 1着 | 2着 | 人気 | 13 | 3 | 5 | 5 | 6 | 1 | 8 |
| 払戻金 | 220 | 200 | 440 | | 4040 | 560 | 1430 | 1160 | 260 | 130 | 360 |

③ 8Rの表の下線項目を別表－1に記入すると次のようになる
　この場合の軸は太線であり、相手は二重線となり、組は下線となる。

全国・当地・早見　　　　　　　　軸━線　相手＝　組－　（選択方法は00ページ★参照）

| 艇番 | 5R | 6R | 7R | 8R |
|---|---|---|---|---|
| 1 | 当 早--------3 | 全 早--------1 | 全----------1 | 全 当 早------3 |
| 2 | ----------2 |  |  | 全 当--------1 |
| 3 | 全----------1 | 当 | 当----------3 |  |
| 4 | 全 早 | 全 早--------3 | 全 早--------2 |  |
| 5 | 当 | 全 早--------2 | 全 |  |
| 6 | 全 早 | 当 | 全 早 | 全 当--------2 |
| 決め手 | まくり | 逃げ | 抜き | 差し |
| 投票点数と結果 | 0（見送り） | 3（的中） | 3（的中） | 1（的中） |
| 3連複 | 3300 | 580 | 490 | 560 |
|  |  |  |  |  |

1号艇はレース結果が3着（---1の意味は、1着、以下省略）
2号艇はレース結果が1着
6号艇はレース結果が2着

| 8R | 単 | 複 | 複 |  | 3連単 | 3連複 | 2連単 | 2連複 | 拡連複 1~2,1~3,2~3着 |||
|---|---|---|---|---|---|---|---|---|---|---|---|
|  | 1着 | 1着 | 2着 | 人気 | 13 | 3 | 5 | 5 | 6 | 1 | 8 |
| 払戻金 | 220 | 200 | 440 |  | 4040 | 560 | 1430 | 1160 | 260 | 130 | 360 |

9R

① 9Rの表から下記の項目を選ぶ

　表の9R、3日目・・1号艇は全国勝率、当地勝率なし

　　　　　　　　　早見なし

　　　　　　　2号艇は全国勝率が1～3以内、当地勝率が1～3以内

　　　　　　　　　早見なし

　　　　　　　3号艇は全国勝率が1～3以内

　　　　　　　　　早見5

　　　　　　　4号艇は全国勝率が1～3以内

　　　　　　　　　早見なし

　　　　　　　5号艇は当地勝率が1～3以内

　　　　　　　　　早見なし

　　　　　　　6号艇は当地勝率が1～3以内

　　　　　　　　　早見なし

② 選んだ項目に下線を記入する

9R 予選（左回り3周 H1800m）

| 艇番 | 選手<br>登番/出身 | 才<br>血 | 体重 | 進入 | 級<br>コース | 全国勝<br>2勝率 | 当地勝<br>2勝率 | モーターNo.<br>2勝率 | ボートNo.<br>2勝率 | 開催成績/優出-勝<br>1 2 3 4 5 6 | 早見 | チルト調整<br>展示タイム | 部品 |
|---|---|---|---|---|---|---|---|---|---|---|---|---|---|
| 1 | 中辻崇人<br>3876 福岡 | 29<br>O | 51 | 23 | A1<br>63.2 | 6.62<br>46.56 | 5.82<br>39.47 | 21<br>38.62 | 51<br>36.31 | 4 12<br>　　　02-00 | | 0.0<br>6.90 | |
| 2 | 太田和美<br>3557 奈良 | 33<br>AB | 53 | 54 | A1<br>47.4 | <u>7.38</u><br>50.54 | <u>7.38</u><br>12.50 | 25<br>36.67 | 66<br>29.80 | S53<br>　　　05-00 | | +1.0<br>6.86 | |
| 3 | 後藤 浩<br>3497 東京 | 37<br>B | 50 | 65 | A1<br>01.6 | <u>7.67</u><br>61.06 | 6.84<br>42.11 | 59<br>30.92 | 72<br>37.33 | 5 4<br>　　　04-00 | <u>5</u> | 0.0<br>6.89 | |
| 4 | 吉田徳夫<br>3452 愛知 | 35<br>B | 54 | 1 | A1<br>78.4 | <u>7.00</u><br>57.93 | 6.00<br>40.00 | 50<br>39.74 | 41<br>35.44 | 46 4<br>　　　09-04 | 1 | 0.0<br>6.97 | |
| 5 | 勝野竜司<br>3697 兵庫 | 33<br>B | 51 | 61 | A1<br>50.0 | 6.57<br>41.74 | <u>8.41</u><br>79.31 | 24<br>33.69 | 64<br>47.09 | 1 56<br>　　　06-03 | | -0.5<br>6.90 | |
| 6 | 矢後 剛<br>3347 東京 | 39<br>A | 53 | 16<br>25 | A1<br>100 | 6.22<br>33.68 | <u>7.71</u><br>63.95 | 51<br>33.33 | 20<br>34.81 | 331<br>　　　05-02 | 3 | 0.0<br>6.84 | |

決め手　差し
進入　1 2 3 4 5 6
着順　③①②⑤⑥④

| 9R | 単 | 複 | 複 | | 3連単 | 3連複 | 2連単 | 2連複 | 拡連複 1~2,1~3,2~3 着 | | |
|---|---|---|---|---|---|---|---|---|---|---|---|
| | 1着 | 1着 | 2着 | 人気 | 29 | 3 | 11 | 2 | 4 | 6 | 1 |
| 払戻金 | 580 | 150 | 130 | | 6610 | 630 | 2560 | 710 | 250 | 310 | 190 |

③ 9Rの表の下線項目を別表-1に記入すると次のようになる
この場合の軸は太線であり、相手は二重線となり、組は下線となる。

全国・当地・早見　　　　　　　　軸━線　相手＝　組－　（選択方法は00ページ★参照）

| 艇番 | 9R | 10R | 11R | 12R |
|---|---|---|---|---|
| 1 | ----------2 | | | |
| 2 | 全 当--------3 | | | |
| 3 | 全 早--------1 | | | |
| 4 | 全 | | | |
| 5 | 当 | | | |
| 6 | 当 | | | |
| 決め手 | 差し | | | |
| 投票点数と結果 | 0（見送り） | | | |
| 3連複 | 630 | | | |
| | | | | |

1号艇はレース結果が2着（---1の意味は、1着、以下省略）
2号艇はレース結果が3着
3号艇はレース結果が1着

| 9R | 単 | 複 | 複 | | 3連単 | 3連複 | 2連単 | 2連複 | 拡連複 1~2,1~3,2~3 着 | | |
|---|---|---|---|---|---|---|---|---|---|---|---|
| | 1着 | 1着 | 2着 | 人気 | 29 | 3 | 11 | 2 | 4 | 6 | 1 |
| 払戻金 | 580 | 150 | 130 | | 6610 | 630 | 2560 | 710 | 250 | 310 | 190 |

10R

① １０Rの表から下記の項目を選ぶ

表の10R、3日目・・1号艇は全国勝率が1～3以内、当地勝率が1～3以内

早見１０

2号艇は全国勝率、当地勝率なし

早見なし

3号艇は当地勝率が1～3以内

早見６

4号艇は当地勝率が1～3以内

早見なし

5号艇は全国勝率が1～3以内

早見なし

6号艇は全国勝率が1～3以内

早見なし

★（2～4号艇で相手になる艇が存在しないから見送る。24頁参照）

② 選んだ項目に下線を記入する

10R 予選（左回り3周 H1800m）

| 艇番 | 選手登番/出身 | 才血 | 体重 | 進入 | 級コース | 全国勝2勝率 | 当地勝2勝率 | モーターNo.2勝率 | ボートNo.2勝率 | 開催成績 1 2 3 4 5 6 | 優出-勝 | 早見 | チルト調整展示タイム | 部品 |
|---|---|---|---|---|---|---|---|---|---|---|---|---|---|---|
| 1 | 植木通彦 3285 福岡 | 37 0 | 51 | 52 3 | A1 20.0 | 8.67 68.37 | 7.47 33.33 | 57 34.50 | 69 40.13 | 3 5 5 | 08-02 | 10 | -0.5 6.90 | プ |
| 2 | 寺田 祥 3942 山口 | 27 0 | 53 | 56 4 | A1 44.4 | 6.46 39.33 | 4.78 0.00 | 45 34.78 | 56 36.02 | 22 4 | 05-02 | 3 | -0.5 6.88 | プ |
| 3 | 横西奏恵 3774 徳島 | 31 A | 47 | 12 6 | A2 82.6 | 7.10 58.65 | 5.89 55.56 | 72 27.89 | 70 34.23 | 2 1 | 06-03 | 6 | 0.0 6.95 | |
| 4 | 別府昌樹 3873 広島 | 29 A | 51 | 56 | A1 45.5 | 7.10 58.10 | 5.69 37.50 | 15 30.20 | 57 40.12 | 3 1 | 05-01 | | 0.0 6.89 | |
| 5 | 吉川元浩 3854 兵庫 | 33 0 | 49 | 65 3 | A1 12.5 | 8.02 56.41 | 0.00 0.00 | 46 39.04 | 34 31.41 | 14 4 | 07-03 | 4 | 0.0 6.99 | |
| 6 | 松野京吾 3056 山口 | 49 A | 48 | 21 | A1 77.8 | 7.71 66.42 | 5.84 44.74 | 43 33.91 | 71 39.01 | 41 5 | 06-01 | | 0.0 6.84 | |

決め手　まくり

進入　162345

着順　④⑤③⑥②①

| 10R | 単 1着 | 複 1着 | 複 2着 | 人気 | 3連単 51 | 3連複 13 | 2連単 11 | 2連複 6 | 拡連複 1~2, 7 | 1~3, 5 | 2~3 着 11 |
|---|---|---|---|---|---|---|---|---|---|---|---|
| 払戻金 | 520 | 230 | 210 | | 11410 | 1900 | 2720 | 1300 | 410 | 370 | 510 |

③ 10Rの表の下線項目を別表-1に記入すると次のようになる。
　この場合の軸は太線であり、相手は二重線となり、組は下線となる。

全国・当地・早見　　　　　　　　軸━線　相手＝　組－　　（選択方法は00ページ★参照）

| 艇番 | 9R | 10R | 11R | 12R |
|---|---|---|---|---|
| 1 | ----------------2 | 全 当 早 | | |
| 2 | 全 当---------3 | | | |
| 3 | 全 早---------1 | 当 早---------3 | | |
| 4 | 全 | 当------------1 | | |
| 5 | 当 | 全------------2 | | |
| 6 | 当 | 全 | | |
| 決め手 | 差し | まくり | | |
| 投票点数 | （見送り） | （見送り） | | |
| 3連複 | 630 | 1900 | | |
| | | | | |

3号艇はレース結果が3着（---1の意味は、1着、以下省略）
4号艇はレース結果が1着
2号艇はレース結果が2着

| 10R | 単 | 複 | 複 | | 3連単 | 3連複 | 2連単 | 2連複 | 拡連複 | 1~2,1~3,2~3着 | |
|---|---|---|---|---|---|---|---|---|---|---|---|
| | 1着 | 1着 | 2着 | 人気 | 51 | 13 | 11 | 6 | 7 | 5 | 11 |
| 払戻金 | 520 | 230 | 210 | | 11410 | 1900 | 2720 | 1300 | 410 | 370 | 510 |

11R

① 11Rの表から下記の項目を選ぶ

表の11R、3日目・・1号艇は当地勝率が1～3以内

早見なし。

2号艇は当地勝率が1～3以内

早見7

3号艇は全国勝率が1～3以内

早見6

4号艇は全国勝率が1～3以内、当地勝率が1～3以内

早見なし

5号艇は当地勝率が1～3以内

早見5

6号艇は該当なし。

早見なし（5以上を記入）

② 選んだ項目に下線を記入する

11R 予選（左回り3周 H1800m）

| 艇番 | 選手 登番/出身 | 才 血 | 体重 | 進入 | 級 コース | 全国勝 2勝率 | 当地勝 2勝率 | モーターNo. 2勝率 | ボートNo. 2勝率 | 開催成績/優出-勝 1 2 3 4 5 6 | 早見 | チルト調整 展示タイム | 部品 |
|---|---|---|---|---|---|---|---|---|---|---|---|---|---|
| 1 | 森高一真 4030 香川 | 27 AB | 52 | 64 5 | A1 64.3 | 7.70 54.40 | 6.17 44.44 | 31 33.90 | 11 40.91 | 24 2 　　　　 04-00 | | 0.0 7.06 | リ |
| 2 | 今垣光太 3388 石川 | 36 A | 50 | 64 23 | A1 500.0 | 7.57 54.70 | 8.67 55.56 | 64 36.36 | 14 36.53 | 1 6 　　　　 08-02 | 7 | 0.0 7.05 | |
| 3 | 湯川浩司 4044 大阪 | 26 A | 51 | 45 | A1 65.2 | 7.85 60.32 | 0.00 0.00 | 49 42.95 | 47 33.54 | 15 3 　　　　 03-01 | 6 | 0.0 6.97 | |
| 4 | 山崎智也 3622 群馬 | 32 A | 52 | 34 | A1 50.0 | 8.27 57.14 | 8.50 67.39 | 32 33.71 | 28 35.37 | 233 　　　　 05-02 | | -0.5 6.98 | |
| 5 | 服部幸男 3422 静岡 | 35 B | 55 | 43 | A1 69.6 | 7.22 45.71 | 7.70 59.26 | 65 29.47 | 23 30.07 | 24 　　　　 06-03 | 5 | 0.0 6.99 | |
| 6 | 田中 豪 3792 東京 | 33 A | 52 | 54 | A1 73.3 | 7.59 61.46 | 7.07 58.16 | 69 29.91 | 45 44.25 | 2 1 　　　　 06-01 | 4 | -0.5 6.89 | |

決め手　まくり
進入　152346
着順　③②①⑤④⑥

| 11R | 単 1着 | 複 1着 | 複 2着 | 人気 | 3連単 50 | 3連複 4 | 2連単 12 | 2連複 7 | 拡連複 1~2,1~3,2~3 着 7　3　5 |
|---|---|---|---|---|---|---|---|---|---|
| 払戻金 | 430 | 260 | 160 | | 9990 | 860 | 2160 | 1230 | 380　270　330 |

③ 11Rの表の下線項目を別表－1に記入すると次のようになる
　この場合の軸は太線であり、相手は二重線となり、組は下線となる。

全国・当地・早見　　　　　　　　軸━━線　相手＝　組－　（選択方法は00ページ★参照）

| 艇番 | 9R | 10R | 11R | 12R |
|---|---|---|---|---|
| 1 | ------------2 | 全 当 早 | 全------------3 | |
| 2 | 全 当--------3 | | 当 早--------2 | |
| 3 | 全 早--------1 | 当 早--------3 | 全 早--------1 | |
| 4 | 全 | 当----------1 | 全 早 | |
| 5 | 当 | 全----------2 | 当 早 | |
| 6 | 当 | 全 | | |
| 決め手 | 差し | まくり | まくり | |
| 投票点数 | 0（見送り） | 3（外れ） | 3（的中） | |
| 3連複 | 630 | 1900 | 860 | |
| | | | | |

1号艇はレース結果が3着（---1の意味は、1着、以下省略）
2号艇はレース結果が2着
3号艇はレース結果が1着

| 11R | 単 | 複 | 複 | | 3連単 | 3連複 | 2連単 | 2連複 | 拡連複 | 1~2,1 | ~3,2~3 着 |
|---|---|---|---|---|---|---|---|---|---|---|---|
| | 1着 | 1着 | 2着 | 人気 | 50 | 4 | 12 | 7 | 7 | 3 | 5 |
| 払戻金 | 430 | 260 | 160 | | 9990 | 860 | 2160 | 1230 | 380 | 270 | 330 |

## ④ 11Rの3連単手法

　11Rと12Rは同じ手法によるものであり、後半レースの2号艇の前半レースは7R、3号艇は6R、5号艇は6Rであり、この中から上位の2号艇と3号艇を選び、両方を頭軸とし流す。

　　　　この場合の軸は太線であり、相手は二重線となり、組は下線となる。

全国・当地・早見　　　　　　　　　軸━線　相手＝　組ー　（選択方法は00ページ★参照）

| 艇番 | 11R | 11R | | 12R |
|---|---|---|---|---|
| 1 | 全-----------3 | 全-----------3 | | |
| 2 | 当 早--------2 | 当 早--------2 | | |
| 3 | 全 早--------1 | 全 早--------1 | | |
| 4 | 全 早 | 全 早 | | |
| 5 | 当 早 | 当 早 | | |
| 6 | | | | |
| 決め手 | まくり | まくり | | |
| 投票点数 | 3 | 3 | | |
| 3連単 | （外れ） | 9990（的中） | | |
| | 2号艇を頭 | 3号艇を頭 | | |

1号艇はレース結果が3着（---1の意味は、1着、以下省略）
2号艇はレース結果が2着
3号艇はレース結果が1着

|１２Ｒ|

① １２Ｒの表から下記の項目を選ぶ

表の12R、3日目・・1号艇は全国勝率が１～３以内、当地勝率が１～３以内

　　早見７

　　2号艇は全国勝率が１～３以内、当地勝率が１～３以内

　　早見なし。

　　3号艇は全国勝率、当地勝率なし

　　早見なし

　　4号艇は全国勝率が１～３以内、当地勝率が１～３以内

　　早見８

　　5号艇は全国勝率、当地勝率なし

　　早見６

　　6号艇は全国勝率、当地勝率なし

　　早見なし

② 12Rの表の下線項目を別表－1に記入すると次のようになる
　この場合の軸は太線であり、相手は二重線となり、組は下線となる。

12R 予選（左回り3周 H1800m）

| 艇番 | 選手<br>登番/出身 | 才<br>血 | 体重 | 進入 | 級<br>コース | 全国勝<br>2勝率 | 当地勝<br>2勝率 | モーターNo.<br>2勝率 | ボートNo.<br>2勝率 | 開催成績/優出-勝<br>1 2 3 4 5 6 | 早見 | チルト調整<br>展示タイム | 部品 |
|---|---|---|---|---|---|---|---|---|---|---|---|---|---|
| 1 | 濱野谷憲<br>3590 東京 | 32<br>A | 54 | 43<br>5 | A1<br>52.4 | 7.21<br>47.42 | 8.53<br>71.67 | 71<br>36.27 | 10<br>29.50 | 5 2<br>　　　　06-03 | 7 | 0.0<br>6.93 | |
| 2 | 赤岩善生<br>3946 愛知 | 30<br>A | 55 | 1<br>91.2 | A1<br>47.57 | 7.28<br>47.57 | 7.91<br>64.44 | 18<br>31.72 | 21<br>29.45 | 5 32<br>　　　　05-02 | | -0.5<br>6.81 | プ |
| 3 | 中澤和志<br>3952 宮城 | 29<br>AB | 54 | 43<br>5 | A1<br>66.7 | 6.94<br>47.92 | 6.54<br>40.00 | 39<br>37.65 | 17<br>39.24 | 12 1<br>　　　　01-00 | | 0.0<br>6.90 | |
| 4 | 瓜生正義<br>3783 福岡 | 30<br>A | 51 | 24<br>100 | A1<br>55.10 | 7.45<br>55.10 | 8.47<br>58.82 | 70<br>34.12 | 12<br>36.67 | 2 6<br>　　　　08-01 | 8 | -0.5<br>6.91 | |
| 5 | 平尾崇典<br>3822 岡山 | 33<br>AB | 49 | 31<br>2 | A1<br>67.9 | 6.58<br>40.38 | 0.00<br>0.00 | 60<br>47.54 | 59<br>30.00 | 1 4<br>　　　　06-01 | 6 | -0.5/1.0<br>6.78 | プ |
| 6 | 新美進司<br>3312 愛知 | 41<br>A | 51 | 1<br>100 | A1 | 6.75<br>48.70 | 6.11<br>33.33 | 47<br>23.84 | 67<br>29.70 | 261<br>　　　　01-00 | 4 | -0.5<br>6.79 | |

決め手　抜き
進入　1 2 3 4 5 6
着順　④①②⑤⑥③

| 12R | 単 | 複 | 複 | | 3連単 | 3連複 | 2連単 | 2連複 | 拡連複 1~2,1~3,2~3 着 | | |
|---|---|---|---|---|---|---|---|---|---|---|---|
| | 1着 | 1着 | 2着 | 人気 | 51 | 8 | 13 | 5 | 4 | 9 | 3 |
| 払戻金 | 510 | 270 | 160 | | 10400 | 1310 | 2700 | 850 | 220 | 500 | 220 |

③ １２Ｒの表の下線項目を別表－１に記入すると次のようになる
　この場合の軸は太線であり、相手は二重線となり、組は下線となる。

全国・当地・早見　　　　　　軸━線　相手＝　組－　（選択方法は 00 ページ★参照）

| 艇番 | ９Ｒ | １０Ｒ | １１Ｒ | １２Ｒ |
|---|---|---|---|---|
| 1 | ------------2 | 全 当 早 | 全------------3 | <u>全 当 早</u>--------2 |
| 2 | 全 当---------3 | | 当 早----------2 | <u>全 当</u>----------3 |
| 3 | 全 早---------1 | 当 早----------3 | 全 早---------1 | |
| 4 | 全 | 当------------1 | 全 早 | <u>全 当 早</u>--------1 |
| 5 | 当 | 全------------2 | 当 早 | <u>早</u> |
| 6 | 当 | 全 | | |
| 決め手 | 差し | まくり | まくり | 抜き |
| 投票点数 | 0（見送り） | 3（外れ） | 3（的中） | 2（的中） |
| 3連複 | 630 | 1900 | 860 | 1310 |
| | | | | |

1号艇はレース結果が2着（---1の意味は、1着、以下省略）

2号艇はレース結果が3着

4号艇はレース結果が1着

| 12R | 単 | 複 | 複 | | 3連単 | 3連複 | 2連単 | 2連複 | 拡連複 | 1~2,1~3,2~3 着 | |
|---|---|---|---|---|---|---|---|---|---|---|---|
| | 1着 | 1着 | 2着 | 人気 | 51 | 8 | 13 | 5 | 4 | 9 | 3 |
| 払戻金 | 510 | 270 | 160 | | 10400 | 1310 | 2700 | 850 | 220 | 500 | 220 |

### ④ 12Rの3連単手法

　12Rは11Rと同じ手法によるものであり、後半レースの1号艇の前半レースは7R、4号艇は8R、5号艇は6Rであり、この中から上位の1号艇と4号艇を選び、両方を頭軸とし流す。

　　　　この場合の軸は太線であり、相手は二重線となり、組は下線となる。

全国・当地・早見　　　　　　　　　　軸▬線　相手＝　組−　　（選択方法は00ページ★参照）

| 艇番 | 11R | 11R | 12R | 12R |
|---|---|---|---|---|
| 1 | 全--------3 | 全--------3 | 全 当 早------2 | 全 当 早------2 |
| 2 | 当 早------2 | 当 早------2 | 全 当--------3 | 全 当--------3 |
| 3 | 全 早------1 | 全 早------1 |  |  |
| 4 | 全 早 | 全 早 | 全 当 早------1 | 全 当 早------1 |
| 5 | 当 早 | 当 早 | 早 | 早 |
| 6 |  |  |  |  |
| 決め手 |  | まくり |  |  |
| 投票点数 | 3 | 3 | 2 | 2 |
| 3連単 | （外れ） | 9990（的中） | （外れ） | 10400（的中） |
|  | 2号艇を頭 | 3号艇を頭 | 1号艇を頭 | 4号艇を頭 |

1号艇はレース結果が2着（---1の意味は、1着、以下省略）
2号艇はレース結果が3着
4号艇はレース結果が1着

4、水面気象情報と勝率・早見による方向の出目
  (1) １Ｒの方向出目
    ① １Ｒの番組表

第　　３日　　　　　2006/ 3/18　ＳＧ第４１回総理大臣　平和島　競艇場
1R　予　　選　　　　　　　　　H1800m　電話投票締切予定 10:45
------------------------------------------------------------------------
艇 選手 選手　 年 出 体級　　全国　　 　当地　　　モーター　 ボート　 今節成績　 早
番 登番　名　 齢 身 重別　勝率　2率　勝率　2率　NO　2率　NO　2率　１２３４５６ 見
------------------------------------------------------------------------
1 3779 原田幸哉 30 愛知 53A1　7.59 53.17　7.63 57.89 27 33.93 25 43.40 566
2 3582 吉川昭男 33 滋賀 50A1　6.85 53.60　0.00　0.00 55 25.57 24 37.50 655　　　　8
3 3452 吉田徳夫 35 愛知 54A1　7.00 57.93　6.00 40.00 50 39.74 41 35.44 464　　　　9
4 4012 中村有裕 26 滋賀 54A1　7.93 58.46　8.11 66.67 22 40.82 33 32.69 6 62
5 3744 徳増秀樹 31 静岡 51A1　7.52 65.14　5.86 42.86 63 34.25 75 29.37 6 4　　　　5
6 3159 江口晃生 41 群馬 54A1　7.29 46.39　6.35 30.00 10 31.41 26 29.30 3 62

　　　　　この番組表は主催者が発行しているものです。（以下、同上省略）

    ② １Ｒの気象情報

        天　候　晴　れ
        波　高　3cm
        風　向　南　追い風
        風　速　4m
        気　温　13.0℃
        水　温　15.0℃

### ③ 1Rの方向出目表

| | 1R | 2R | 3R | 4R | 5R | 6R | 7R | 8R | 9R | 10R | 11R | 12R |
|---|---|---|---|---|---|---|---|---|---|---|---|---|
| 1=2 | | | | | | | | | | | | |
| 1=3 | | | | | | | | | | | | |
| 1=4 | | | | | | | | | | | | |
| 1=5 | | | | | | | | | | | | |
| 1=6 | ● | | | | | | | | | | | |
| 2=3 | | | | | | | | | | | | |
| 2=4 | | | | | | | | | | | | |
| 2=5 | | | | | | | | | | | | |
| 2=6 | | | | | | | | | | | | |
| 3=4 | | | | | | | | | | | | |
| 3=5 | | | | | | | | | | | | |
| 3=6 | | | | | | | | | | | | |
| 4=5 | | | | | | | | | | | | |
| 4=6 | | | | | | | | | | | | |
| 5=6 | | | | | | | | | | | | |
| 人気 | 1 | | | | | | | | | | | |
| 2連 | 480 | | | | | | | | | | | |
| 全国 | 415 | | | | | | | | | | | |
| 当地 | 416 | | | | | | | | | | | |
| 早見 | 235 | | | | | | | | | | | |
| | | | | | | | | | | | | |
| 風向 | 追風 | | | | | | | | | | | |

上記の枠内の全国・当地は1～3着順の艇番表示であり、早見も艇番表示。（以下、省略）
方向の出目予想は山～谷の最初の出目の出発点が決まらないと方向の予想が立たない訳です。
従って、2レース以降の予想となります。

④ 1Rの結果

1R　　予　選　　　　　　H1800m

| 着 | 艇 | 登番 | 選手名 | モータ | ボート | 展示 | 進入 | スタートタイミング | レースタイム |
|---|---|---|---|---|---|---|---|---|---|
| 01 | 1 | 3779 | 原田幸哉 | 27 | 25 | 6.89 | 1 | 0.10 | 1.48.9 |
| 02 | 6 | 3159 | 江口晃生 | 10 | 26 | 6.84 | 2 | 0.12 | 1.50.6 |
| 03 | 4 | 4012 | 中村有裕 | 22 | 33 | 6.89 | 5 | 0.14 | 1.51.9 |
| 04 | 3 | 3452 | 吉田徳夫 | 50 | 41 | 6.80 | 4 | 0.15 | 1.52.7 |
| 05 | 2 | 3582 | 吉川昭男 | 55 | 24 | 6.87 | 3 | 0.10 | 1.54.5 |
| 06 | 5 | 3744 | 徳増秀樹 | 63 | 75 | 6.81 | 6 | 0.15 | 1.56.3 |

決め手　逃げ
進入　1 6 2 3 4 5
着順　①⑥④③②⑤

| 1R | 単 | 複 | 複 |  | 3連単 | 3連複 | 2連単 | 2連複 | 拡連複 1~2,1~3,2~3 着 | | |
|---|---|---|---|---|---|---|---|---|---|---|---|
|  | 1着 | 1着 | 2着 | 人気 | 2 | 1 | 1 | 1 | 2 | 3 | 1 |
| 払戻金 | 180 | 140 | 190 |  | 1170 | 450 | 690 | 480 | 180 | 240 | 180 |

(2) 2Rの方向出目
　① 2Rの番組表

2R　予　　選　　　　　　　　H1800m　電話投票締切予定 11:11
――――――――――――――――――――――――――――――――――――
艇 選手 選手　年 出 体級　全国　　当地　　モーター　ボート　今節成績　早
番 登番 名　　齢 身 重別 勝率 2率 勝率 2率 NO 2率 NO 2率 1 2 3 4 5 6 見
――――――――――――――――――――――――――――――――――――

1 3156 金子良昭 41 静岡 50A1 <u>8.16</u> 68.18 3.64　9.09 74 41.36 74 36.73 6 51
2 3721 守田俊介 30 京都 55A1 <u>7.98</u> 67.03 6.65 40.00 41 37.76 15 40.13 　35S
3 3623 深川真二 31 佐賀 49A1 <u>7.67</u> 60.00 <u>6.89</u> 44.44 26 43.15 48 34.71 3 61
4 3245 池上裕次 41 埼玉 52A1 6.22 35.77 <u>7.11</u> 50.00 66 27.88 39 38.22 5 4　　　6
5 4075 中野次郎 24 神奈 53A1 7.17 55.13 6.79 56.14 62 28.86 16 32.41 6 6 　　　7
6 3268 森　竜也 40 三重 53A1 6.31 40.00 <u>6.80</u> 44.00 40 32.39 13 38.89 653

　② 2Rの気象情報

　　　　天　候　晴　れ
　　　　波　高　3cm
　　　　風　向　南　追い風
　　　　風　速　4m
　　　　気　温　15.0℃
　　　　水　温　15.0℃


全国勝率の1～3の順位は1号艇、2号艇、3号艇
当地勝率の1～3の順位は3号艇、4号艇、6号艇
早見は、4号艇、5号艇

### ③ 2Rの方向出目表

|     | 1R | 2R | 3R | 4R | 5R | 6R | 7R | 8R | 9R | 10R | 11R | 12R |
|-----|----|----|----|----|----|----|----|----|----|-----|-----|-----|
| 1=2 |    | ○  |    |    |    |    |    |    |    |     |     |     |
| 1=3 |    | ○  |    |    |    |    |    |    |    |     |     |     |
| 1=4 |    | ○  |    |    |    |    |    |    |    |     |     |     |
| 1=5 |    |    |    |    |    |    |    |    |    |     |     |     |
| 1=6 | ●  |    |    |    |    |    |    |    |    |     |     |     |
| 2=3 |    |    |    |    |    |    |    |    |    |     |     |     |
| 2=4 |    |    |    |    |    |    |    |    |    |     |     |     |
| 2=5 |    |    |    |    |    |    |    |    |    |     |     |     |
| 2=6 |    |    |    |    |    |    |    |    |    |     |     |     |
| 3=4 |    |    |    |    |    |    |    |    |    |     |     |     |
| 3=5 |    |    |    |    |    |    |    |    |    |     |     |     |
| 3=6 |    |    |    |    |    |    |    |    |    |     |     |     |
| 4=5 |    |    |    |    |    |    |    |    |    |     |     |     |
| 4=6 |    |    |    |    |    |    |    |    |    |     |     |     |
| 5=6 |    |    |    |    |    |    |    |    |    |     |     |     |
| 人気 | 1  |    |    |    |    |    |    |    |    |     |     |     |
| 2連 | 480 |   |    |    |    |    |    |    |    |     |     |     |
| 全国 | 415 | 123 |    |    |    |    |    |    |    |     |     |     |
| 当地 | 416 | 346 |    |    |    |    |    |    |    |     |     |     |
| 早見 | 235 | 45 |    |    |    |    |    |    |    |     |     |     |
|     |    |    |    |    |    |    |    |    |    |     |     |     |
| 風向 | 追風 | 追風 |    |    |    |    |    |    |    |     |     |     |

2レースの予想、1レースが1－6であるから、山か谷の二通りの方向に分かれる。
2Rの予想；全国勝率は1号艇が①、当地勝率は3号艇が①　早見4、5号艇で有望な勝率に1，3，2，4号艇に○印で予想。（以下、同上で省略）

④ 2Rの結果

2R　　予　選　　　　　　　　H1800m

| 着 | 艇 | 登番 | 選手名 | モータ | ボート | 展示 | 進入 | スタートタイミング | レースタイム |
|---|---|---|---|---|---|---|---|---|---|
| 01 | 1 | 3156 | 金子　良昭 | 74 | 74 | 6.69 | 1 | 0.05 | 1.48.8 |
| 02 | 3 | 3623 | 深川　真二 | 26 | 48 | 6.80 | 2 | 0.05 | 1.50.8 |
| 03 | 5 | 4075 | 中野　次郎 | 62 | 16 | 6.94 | 6 | 0.15 | 1.52.1 |
| 04 | 2 | 3721 | 守田　俊介 | 41 | 15 | 6.93 | 4 | 0.09 | 1.53.8 |
| 05 | 4 | 3245 | 池上　裕次 | 66 | 39 | 6.88 | 5 | 0.15 | 1.55.0 |
| 06 | 6 | 3268 | 森　　竜也 | 40 | 13 | 6.80 | 3 | 0.05 | 1.55.0 |

決め手　まくり

進入　135245

着順　①③⑤②④⑥

| 2R | 単 | 複 | 複 | | 3連単 | 3連複 | 2連単 | 2連複 | 拡連複 1~2,1~3,2~3 着 | | |
|---|---|---|---|---|---|---|---|---|---|---|---|
| | 1着 | 1着 | 2着 | 人気 | 7 | 4 | 1 | 1 | 1 | 8 | 9 |
| 払戻金 | 180 | 140 | 100 | | 2450 | 1090 | 380 | 280 | 150 | 380 | 400 |

(3) 3Rの方向出目
① 3Rの番組表

3R 予　　選　　　　　　　　H1800m　電話投票締切予定 11:38
--------------------------------------------------------------------------------
艇 選手 選手 年 出 体級　全国　　当地　　モーター　　ボート　　今節成績　早
番 登番 名　齢 身 重別 勝率 2率 勝率 2率 NO 2率 NO 2率 1 2 3 4 5 6 見
--------------------------------------------------------------------------------
1 3268 森　竜也 40 三重 53A1 6.31 40.00 6.80 44.00 40 32.39 13 38.89 65
2 3159 江口晃生 41 群馬 54A1 7.29 46.39 6.35 30.00 10 31.41 26 29.30 3　　　　9
3 3557 太田和美 33 奈良 53A1 7.38 50.54 7.38 12.50 25 36.67 66 29.80 S　　　　8
4 3422 服部幸男 35 静岡 55A1 7.22 45.71 7.70 59.26 65 29.47 23 30.07 2
5 3959 坪井康晴 28 静岡 50A1 7.47 52.25 7.33 66.67 54 37.17 46 33.95 51
6 2942 瀬尾達也 46 徳島 53A1 7.04 49.52 0.00 0.00 38 31.28 18 37.74 66


② 3Rの気象情報

　　　　天　候　くもり
　　　　波　高　4cm
　　　　風　向　南　追い風
　　　　風　速　6m
　　　　気　温　16.0℃
　　　　水　温　15.0℃


全国勝率の1～3の順位は2号艇、3号艇、5号艇
当地勝率の1～3の順位は3号艇、4号艇、5号艇
早見は2号艇、3号艇

### ③ 3Rの方向出目表

|     | 1R | 2R | 3R | 4R | 5R | 6R | 7R | 8R | 9R | 10R | 11R | 12R |
|-----|----|----|----|----|----|----|----|----|----|----|----|----|
| 1=2 |    | ○  |    |    |    |    |    |    |    |    |    |    |
| 1=3 |    | ●○ |    |    |    |    |    |    |    |    |    |    |
| 1=4 |    | ○  |    |    |    |    |    |    |    |    |    |    |
| 1=5 |    |    |    |    |    |    |    |    |    |    |    |    |
| 1=6 | ●  |    |    |    |    |    |    |    |    |    |    |    |
| 2=3 |    |    | ○  |    |    |    |    |    |    |    |    |    |
| 2=4 |    |    |    |    |    |    |    |    |    |    |    |    |
| 2=5 |    |    | ○  |    |    |    |    |    |    |    |    |    |
| 2=6 |    |    |    |    |    |    |    |    |    |    |    |    |
| 3=4 |    |    |    |    |    |    |    |    |    |    |    |    |
| 3=5 |    |    |    |    |    |    |    |    |    |    |    |    |
| 3=6 |    |    |    |    |    |    |    |    |    |    |    |    |
| 4=5 |    |    | ○  |    |    |    |    |    |    |    |    |    |
| 4=6 |    |    |    |    |    |    |    |    |    |    |    |    |
| 5=6 |    |    |    |    |    |    |    |    |    |    |    |    |
| 人気 | 1  | 1  |    |    |    |    |    |    |    |    |    |    |
| 2連 | 480 | 280 |   |    |    |    |    |    |    |    |    |    |
| 全国 | 415 | 123 | 235 |  |    |    |    |    |    |    |    |    |
| 当地 | 416 | 346 | 345 |  |    |    |    |    |    |    |    |    |
| 早見 | 235 | 45 | 3   |    |    |    |    |    |    |    |    |    |
| 結果 | なし | 的中 |    |    |    |    |    |    |    |    |    |    |
| 風向 | 追風 | 追風 | 追風 |   |    |    |    |    |    |    |    |    |

3Rの予想；全国勝率は2号艇が①、当地勝率は3号艇が① 早見2、3号艇で有望な勝率に○印で予想。

谷方向として、2＝3、3＝5、4＝5

④ 3Rの結果

3R　　予　選　　　　　　　H1800m

| 着 | 艇 | 登番 | 選手名 | モータ | ボート | 展示 | 進入 | スタートタイミング | レースタイム |
|---|---|---|---|---|---|---|---|---|---|
| 01 | 3 | 3558 | 山本　浩次 | 73 | 31 | 6.84 | 3 | 0.23 | 1.49.9 |
| 02 | 2 | 3347 | 矢後　　剛 | 51 | 20 | 6.90 | 2 | 0.17 | 1.51.1 |
| 03 | 1 | 3327 | 野長瀬正孝 | 61 | 29 | 7.05 | 1 | 0.17 | 1.53.7 |
| 04 | 4 | 3942 | 寺田　　祥 | 45 | 56 | 6.91 | 4 | 0.27 | 1.55.3 |
| 05 | 6 | 3959 | 坪井　康晴 | 54 | 46 | 6.88 | 6 | 0.22 | 1.56.5 |
| 06 | 5 | 2785 | 水野　　要 | 33 | 62 | 6.91 | 5 | 0.25 | 1.58.4 |

決め手　まくり
進入　1 2 3 4 5 6
着順　③②①④⑥⑤

| 3R | 単 | 複 | 複 |  | 3連単 | 3連複 | 2連単 | 2連複 | 拡連複 1~2,1~3,2~3着 |||
|---|---|---|---|---|---|---|---|---|---|---|---|
|  | 1着 | 1着 | 2着 | 人気 | 39 | 5 | 11 | 5 | 6 | 8 | 7 |
| 払戻金 | 480 | 200 | 140 |  | 6570 | 910 | 1790 | 830 | 320 | 350 | 330 |

(4) 4Rの方向出目
　① 4Rの番組表

4R　予　　選　　　　　　　　　H1800m　電話投票締切予定 12:06
--------------------------------------------------------------------------------
艇　選手　選手　　年　出　体級　　全国　　　当地　　　モーター　　ボート　　今節成績　　早
番　登番　　名　　齢　身　重別　勝率　2率　勝率　2率　NO　2率　NO　2率　1 2 3 4 5 6　見
--------------------------------------------------------------------------------

1 3792 田中　豪　 33 東京 52A1 7.59 61.46 7.07 58.16 69 29.91 45 44.25 2 1　　　　11
2 3854 吉川元浩 33 兵庫 49A1 8.02 56.41 0.00 0.00 46 39.04 34 31.41 1 4 4　　　 10
3 3312 新美進司 41 愛知 51A1 6.75 48.70 6.11 33.33 47 23.84 67 29.70 2 6 1　　　 12
4 3227 長岡茂一 40 東京 50A2 6.60 52.56 7.45 63.27 34 33.96 52 36.08 3 3 5
5 3307 上瀧和則 37 佐賀 51A1 7.59 48.45 7.88 37.50 36 34.87 37 31.52 2 4 5
6 3731 髙濱芳久 32 広島 50A1 7.42 60.80 8.87 80.00 13 25.38 65 32.95 5 2 3

　② 4Rの気象情報

　　　　天　候　くもり
　　　　波　高　5cm
　　　　風　向　南　追い風
　　　　風　速　7m
　　　　気　温　16.0℃
　　　　水　温　15.0℃

全国勝率の1～3の順位は2号艇、1号艇、5号艇
当地勝率の1～3の順位は6号艇、5号艇、4号艇
早見は1号艇、2号艇、3号艇

### ③ 4Rの方向出目表

|      | 1R  | 2R  | 3R  | 4R  | 5R | 6R | 7R | 8R | 9R | 10R | 11R | 12R |
|------|-----|-----|-----|-----|----|----|----|----|----|-----|-----|-----|
| 1=2  |     | ○   |     | ○   |    |    |    |    |    |     |     |     |
| 1=3  |     | ●○  |     |     |    |    |    |    |    |     |     |     |
| 1=4  |     | ○   |     | ○   |    |    |    |    |    |     |     |     |
| 1=5  |     |     |     | ○   |    |    |    |    |    |     |     |     |
| 1=6  | ●   |     |     | ○   |    |    |    |    |    |     |     |     |
| 2=3  |     |     | ●○  |     |    |    |    |    |    |     |     |     |
| 2=4  |     |     |     |     |    |    |    |    |    |     |     |     |
| 2=5  |     |     | ○   |     |    |    |    |    |    |     |     |     |
| 2=6  |     |     |     |     |    |    |    |    |    |     |     |     |
| 3=4  |     |     |     |     |    |    |    |    |    |     |     |     |
| 3=5  |     |     |     |     |    |    |    |    |    |     |     |     |
| 3=6  |     |     |     |     |    |    |    |    |    |     |     |     |
| 4=5  |     |     | ○   |     |    |    |    |    |    |     |     |     |
| 4=6  |     |     |     |     |    |    |    |    |    |     |     |     |
| 5=6  |     |     |     |     |    |    |    |    |    |     |     |     |
| 人気 | 1   | 1   | 5   |     |    |    |    |    |    |     |     |     |
| 2連  | 480 | 280 | 830 |     |    |    |    |    |    |     |     |     |
| 全国 | 415 | 123 | 235 | 215 |    |    |    |    |    |     |     |     |
| 当地 | 416 | 346 | 345 | 654 |    |    |    |    |    |     |     |     |
| 早見 | 235 | 45  | 3   | 123 |    |    |    |    |    |     |     |     |
| 結果 | なし| 的中| 的中|     |    |    |    |    |    |     |     |     |
| 風向 | 追風| 追風| 追風|     |    |    |    |    |    |     |     |     |

4Rの予想；全国勝率は2号艇が①、当地勝率は6号艇が① 早見1、2、3号艇で有望な勝率に○印で予想。

山方向として、1＝2、1＝4、1＝5、1＝6

④ 4Rの結果

4R　　　予　選　　　　　　　H1800m

| 着 | 艇 | 登番 | 選手名 | モータ | ボート | 展示 | 進入 | スタートタイミング | レースタイム |
|---|---|---|---|---|---|---|---|---|---|
| 01 | 1 | 3792 | 田中　　豪 | 69 | 45 | 6.88 | 1 | 0.05 | 1.49.7 |
| 02 | 4 | 3227 | 長岡茂一 | 34 | 52 | 6.95 | 3 | 0.04 | 1.50.5 |
| 03 | 2 | 3854 | 吉川元浩 | 46 | 34 | 6.91 | 4 | 0.08 | 1.51.6 |
| 04 | 5 | 3307 | 上瀧和則 | 36 | 37 | 6.98 | 2 | 0.03 | 1.53.8 |
| 05 | 6 | 3731 | 高濱芳久 | 13 | 65 | 6.93 | 6 | 0.12 | 1.55.1 |
| 06 | 3 | 3312 | 新美進司 | 47 | 67 | 7.00 | 5 | 0.12 | 1.55.2 |

決め手　逃げ
進入　154236
着順　①④②⑤⑥③

| 4R | 単 | 複 | 複 |  | 3連単 | 3連複 | 2連単 | 2連複 | 拡連複 | 1~2,1~3,2~3着 | |
|---|---|---|---|---|---|---|---|---|---|---|---|
|  | 1着 | 1着 | 2着 | 人気 | 26 | 3 | 10 | 7 | 6 | 1 | 9 |
| 払戻金 | 180 | 110 | 290 |  | 6160 | 900 | 1880 | 1380 | 320 | 160 | 380 |

(4) 5Rの方向出目
　① 5Rの番組表

5R 予　　選　　　　　　　　H1800m　電話投票締切予定 12:36
────────────────────────────────────────────────
艇　選手　選手　年　出　体級　全国　　　当地　　　モーター　ボート　今節成績　早
番　登番　名　　齢　身　重別　勝率　2率　勝率　2率　NO 2率　NO 2率　1 2 3 4 5 6　見
────────────────────────────────────────────────
1　3422　服部幸男　35　静岡　55A1　7.22　45.71　7.70　59.26　65　29.47　23　30.07　2 4　　　　　11
2　3744　徳増秀樹　31　静岡　51A1　7.52　65.14　5.86　42.86　63　34.25　75　29.37　6 4　　　　　1
3　4024　井口佳典　28　三重　54A1　8.00　62.88　7.22　50.00　28　31.89　63　36.31　1 5 1
4　3497　後藤　浩　37　東京　50A1　7.67　61.06　6.84　42.11　59　30.92　72　37.33　5 4　　　　　9
5　3941　池田浩二　27　愛知　54A1　7.05　45.54　7.50　43.75　20　33.72　55　31.03　4 4 3
6　3285　植木通彦　37　福岡　51A1　8.67　68.37　7.47　33.33　57　34.50　69　40.13　3 5 5　　　　10

　② 5Rの気象情報

　　　　天　候　くもり
　　　　波　高　5cm
　　　　風　向　南　追い風
　　　　風　速　7m
　　　　気　温　16.0℃
　　　　水　温　15.0℃

全国勝率の1～3の順位は6号艇、3号艇、2号艇
当地勝率の1～3の順位は1号艇、5号艇、6号艇
早見は1号艇、4号艇、6号艇
★（早見は5レース以上から記入する。以下同上で省略）

③ 5Rの方向出目表

|     | 1R | 2R | 3R | 4R | 5R | 6R | 7R | 8R | 9R | 10R | 11R | 12R |
|-----|----|----|----|----|----|----|----|----|----|-----|-----|-----|
| 1=2 |    | ○  |    | ○  |    |    |    |    |    |     |     |     |
| 1=3 |    | ●○ |    |    |    |    |    |    |    |     |     |     |
| 1=4 |    | ○  |    | ●○ |    |    |    |    |    |     |     |     |
| 1=5 |    |    |    | ○  |    |    |    |    |    |     |     |     |
| 1=6 | ●  |    |    | ○  | ○  |    |    |    |    |     |     |     |
| 2=3 |    |    | ●○ |    |    |    |    |    |    |     |     |     |
| 2=4 |    |    |    |    | ○  |    |    |    |    |     |     |     |
| 2=5 |    |    | ○  |    |    |    |    |    |    |     |     |     |
| 2=6 |    |    |    |    | ○  |    |    |    |    |     |     |     |
| 3=4 |    |    |    |    |    |    |    |    |    |     |     |     |
| 3=5 |    |    |    |    |    |    |    |    |    |     |     |     |
| 3=6 |    |    |    |    | ○  |    |    |    |    |     |     |     |
| 4=5 |    |    | ○  |    |    |    |    |    |    |     |     |     |
| 4=6 |    |    |    |    |    |    |    |    |    |     |     |     |
| 5=6 |    |    |    |    |    |    |    |    |    |     |     |     |
| 人気 | 1  | 1  | 5  | 7  |    |    |    |    |    |     |     |     |
| 2連 | 480 | 280 | 830 | 1380 |   |    |    |    |    |     |     |     |
| 全国 | 415 | 123 | 235 | 215 | 632 |  |    |    |    |     |     |     |
| 当地 | 416 | 346 | 345 | 654 | 156 |  |    |    |    |     |     |     |
| 早見 | 235 | 45 | 3 | 123 | 146 |   |    |    |    |     |     |     |
| 結果 | なし | 的中 | 的中 | 的中 |   |    |    |    |    |     |     |     |
| 風向 | 追風 | 追風 | 追風 | 追風 |   |    |    |    |    |     |     |     |

5Rの予想；全国勝率は6号艇が①、当地勝率は1号艇が①　早1、4、6号艇で有望な勝率に○印で予想。

谷方向として、1＝6、2＝6，3＝6

④ 5Rの結果

5R　　　予　選　　　　　　　　H1800m

| 着 | 艇 | 登番 | 選手名 | モータ | ボート | 展示 | 進入 | スタートタイミング | レースタイム |
|---|---|---|---|---|---|---|---|---|---|
| 01 | 4 | 3497 | 後藤　浩 | 59 | 72 | 6.80 | 5 | 0.17 | 1.50.0 |
| 02 | 2 | 3744 | 徳増秀樹 | 63 | 75 | 6.90 | 2 | 0.12 | 1.50.8 |
| 03 | 3 | 4024 | 井口佳典 | 28 | 63 | 6.76 | 4 | 0.15 | 1.52.5 |
| 04 | 5 | 3941 | 池田浩二 | 20 | 55 | 7.00 | 6 | 0.19 | 1.52.8 |
| 05 | 6 | 3285 | 植木通彦 | 57 | 69 | 6.91 | 3 | 0.16 | 1.56.0 |
| 06 | 1 | 3422 | 服部幸男 | 65 | 23 | 6.91 | 1 | 0.14 | 1.57.9 |

決め手　抜き
進入　126345
着順　④②③⑤⑥①

| 5R | 単 | 複 | 複 |  | 3連単 | 3連複 | 2連単 | 2連複 | 拡連複 | 1~2,1~3,2~3 着 |
|---|---|---|---|---|---|---|---|---|---|---|
|  | 1着 | 1着 | 2着 | 人気 | 92 | 13 | 26 | 13 | 15 | 4 | 9 |
| 払戻金 | 980 | 430 | 450 |  | 36780 | 3300 | 9890 | 3830 | 1040 | 330 | 550 |

(4) 6Rの方向出目
　① 6Rの番組表

6R　予　選　　　　　　　　H1800m　電話投票締切予定 13:07
────────────────────────────────────────────────
艇 選手 選手　年 出 体級　全国　　　当地　　モーター　ボート　今節成績　早
番 登番　名　齢 身 重別 勝率　2率 勝率　2率　NO 2率　NO 2率　1 2 3 4 5 6 見
────────────────────────────────────────────────
1 3822 平尾崇典 33 岡山 49A1 6.58 40.38 0.00  0.00 60 47.54 59 30.00 1 4         12
2 3591 後藤孝義 37 静岡 51A2 6.38 48.08 5.17 27.78 29 39.49 49 29.56 3 3 4
3 3245 池上裕次 41 埼玉 52A1 6.22 35.77 7.11 50.00 66 27.88 39 38.22 5 4           2
4 3774 横西奏恵 31 徳島 47A2 7.10 58.65 5.89 55.56 72 27.89 70 34.23 2 1         10
5 4044 湯川浩司 26 大阪 51A1 7.85 60.32 0.00  0.00 49 42.95 47 33.54 1 5 3        11
6 4019 笠原　亮 26 静岡 54A1 6.17 35.38 6.57 42.86 23 35.71 19 35.85 1 2 3

　② 6Rの気象情報

　　　　天　候　くもり
　　　　波　高　5cm
　　　　風　向　南　追い風
　　　　風　速　7m
　　　　気　温　15.0℃
　　　　水　温　16.0℃


全国勝率の1～3の順位は5号艇、4号艇、1号艇
当地勝率の1～3の順位は3号艇、6号艇、4号艇
早見は2号艇、1号艇、4号艇、5号艇

### ③ 6Rの方向出目表

|      | 1R | 2R | 3R | 4R | 5R | 6R | 7R | 8R | 9R | 10R | 11R | 12R |
|------|----|----|----|----|----|----|----|----|----|-----|-----|-----|
| 1=2  |    | ○  |    | ○  |    |    |    |    |    |     |     |     |
| 1=3  |    | ●○ |    |    |    |    |    |    |    |     |     |     |
| 1=4  |    | ○  |    | ●○ |    | ○  |    |    |    |     |     |     |
| 1=5  |    |    |    | ○  |    | ○  |    |    |    |     |     |     |
| 1=6  | ●  |    |    |    | ○  |    |    |    |    |     |     |     |
| 2=3  |    |    | ●○ |    |    |    |    |    |    |     |     |     |
| 2=4  |    |    |    |    | ●○ |    |    |    |    |     |     |     |
| 2=5  |    |    | ○  |    |    |    |    |    |    |     |     |     |
| 2=6  |    |    |    |    |    | ○  |    |    |    |     |     |     |
| 3=4  |    |    |    |    |    |    |    |    |    |     |     |     |
| 3=5  |    |    |    |    |    |    |    |    |    |     |     |     |
| 3=6  |    |    |    |    |    | ○  |    |    |    |     |     |     |
| 4=5  |    |    | ○  |    |    |    |    |    |    |     |     |     |
| 4=6  |    |    |    |    |    |    |    |    |    |     |     |     |
| 5=6  |    |    |    |    |    |    |    |    |    |     |     |     |
| 人気 | 1  | 1  | 5  | 7  | 1 3 |   |    |    |    |     |     |     |
| 2連  | 480 | 280 | 830 | 1380 | 3830 |   |    |    |    |     |     |     |
| 全国 | 415 | 123 | 235 | 215 | 632 | 541 |   |    |    |     |     |     |
| 当地 | 416 | 346 | 345 | 654 | 156 | 364 |   |    |    |     |     |     |
| 早見 | 235 | 45  | 3   | 123 | 146 | 145 |   |    |    |     |     |     |
| 結果 | なし | 的中 | 的中 | 的中 | 外れ |   |    |    |    |     |     |     |
| 風向 | 追風 | 追風 | 追風 | 追風 | 追風 |   |    |    |    |     |     |     |

6Rの予想；全国勝率は5号艇が①、当地勝率は3号艇が① 早2、1、4、5号艇で有望な勝率に○印で予想。

4、5枠の山谷方向として、1＝4、1＝5

④ 6Rの結果

6R　　予　選　　　　　　　　H1800m

| 着 | 艇 | 登番 | 選手名 | モータ | ボート | 展示 | 進入 | スタートタイミング | レースタイム |
|---|---|---|---|---|---|---|---|---|---|
| 01 | 1 | 3822 | 平尾崇典 | 60 | 59 | 6.91 | 1 | 0.11 | 1.50.2 |
| 02 | 5 | 4044 | 湯川浩司 | 49 | 47 | 6.81 | 5 | 0.11 | 1.50.7 |
| 03 | 4 | 3774 | 横西奏恵 | 72 | 70 | 6.87 | 4 | 0.13 | 1.52.9 |
| 04 | 6 | 4019 | 笠原　亮 | 23 | 19 | 6.99 | 6 | 0.21 | 1.54.6 |
| 05 | 3 | 3245 | 池上裕次 | 66 | 39 | 6.96 | 3 | 0.15 | 1.54.8 |
| 06 | 2 | 3591 | 後藤孝義 | 29 | 49 | 6.87 | 2 | 0.17 | 1.55.4 |

決め手　逃げ
進入　1 2 3 4 5 6
着順　①⑤④⑥③②

| 6R | 単 | 複 | 複 |  | 3連単 | 3連複 | 2連単 | 2連複 | 拡連複 1~2,1~3,2~3 着 | | |
|---|---|---|---|---|---|---|---|---|---|---|---|
|  | 1着 | 1着 | 2着 | 人気 | 2 | 1 | 1 | 1 | 1 | 2 | 3 |
| 払戻金 | 180 | 140 | 170 |  | 1800 | 580 | 490 | 360 | 170 | 210 | 270 |

(4) 7Rの方向出目
　① 7Rの番組表

```
7R 予　　　選　　　　　　　　H1800m　電話投票締切予定 13：39
--------------------------------------------------------------------------------
艇 選手 選手　年 出 体級　全国　　 当地　　モーター　 ボート　  今節成績　　早
番 登番 名　　齢 身 重別 勝率 2率 勝率 2率 NO 2率 NO 2率 １ ２ ３ ４ ５ ６ 見
--------------------------------------------------------------------------------
1 3959 坪井康晴 28 静岡 50A1 7.47 52.25 7.33 66.67 54 37.17 46 33.95 5 1 2         3
2 4075 中野次郎 24 神奈 53A1 7.17 55.13 6.79 56.14 62 28.86 16 32.41 6 6           2
3 3960 菊地孝平 27 静岡 53A1 6.64 35.80 8.29 85.71 17 45.93 36 38.51 3 1 6
4 3388 今垣光太 36 石川 50A1 7.57 54.70 8.67 55.56 64 36.36 14 36.53 1 6          11
5 3713 伊藤誠二 31 愛知 54A1 7.47 64.08 6.50 60.00 12 34.62 27 35.54 1 2 5
6 3590 濱野谷憲 32 東京 54A1 7.21 47.42 8.53 71.67 71 36.27 10 29.50 5 2          12
```

　② 7Rの気象情報

　　　　天　候　くもり
　　　　波　高　5cm
　　　　風　向　南　追い風
　　　　風　速　7m
　　　　気　温　15.0℃
　　　　水　温　16.0℃

全国勝率の1～3の順位は4号艇、1号艇、5号艇
当地勝率の1～3の順位は4号艇、6号艇、3号艇
早見は4号艇、6号艇

### ③ 7Rの方向出目表

|      | 1R | 2R | 3R | 4R | 5R | 6R | 7R | 8R | 9R | 10R | 11R | 12R |
|------|----|----|----|----|----|----|----|----|----|-----|-----|-----|
| 1=2  |    | ○  |    | ○  |    |    |    |    |    |     |     |     |
| 1=3  |    | ●○ |    |    |    |    |    |    |    |     |     |     |
| 1=4  |    | ○  |    | ●○ |    | ○  |    |    |    |     |     |     |
| 1=5  |    |    |    | ○  |    | ●○ |    |    |    |     |     |     |
| 1=6  | ●  |    |    |    | ○  |    |    |    |    |     |     |     |
| 2=3  |    |    | ●○ |    |    |    |    |    |    |     |     |     |
| 2=4  |    |    |    |    | ●○ |    |    |    |    |     |     |     |
| 2=5  |    |    | ○  |    |    |    |    |    |    |     |     |     |
| 2=6  |    |    |    |    | ○  |    |    |    |    |     |     |     |
| 3=4  |    |    |    |    |    |    |    |    |    |     |     |     |
| 3=5  |    |    |    |    |    |    |    |    |    |     |     |     |
| 3=6  |    |    |    |    |    | ○  |    |    |    |     |     |     |
| 4=5  |    |    | ○  |    |    |    |    |    |    |     |     |     |
| 4=6  |    |    |    |    |    |    |    |    |    |     |     |     |
| 5=6  |    |    |    |    |    |    |    |    |    |     |     |     |
| 人気 | 1  | 1  | 5  | 7  | 13 | 1  |    |    |    |     |     |     |
| 2連  | 480| 280| 830|1380|3830| 360|    |    |    |     |     |     |
| 全国 | 415| 123| 235| 215| 632| 541|    |    |    |     |     |     |
| 当地 | 416| 346| 345| 654| 156| 364|    |    |    |     |     |     |
| 早見 | 235| 45 | 3  | 123| 146| 145|    |    |    |     |     |     |
| 結果 |なし|的中|的中|的中|的中|的中|    |    |    |     |     |     |
| 風向 |追風|追風|追風|追風|追風|追風|    |    |    |     |     |     |

7Rからはご記入して体験して下さい。

7Rの予想；全国勝率は　　　号艇が①、当地勝率は　　　号艇が①

山方向として、＿＿＝＿＿、＿＿＝＿＿、＿＿＝＿＿、＿＿＝＿＿

谷方向として、＿＿＝＿＿、＿＿＝＿＿、＿＿＝＿＿、＿＿＝＿＿

早見は＿＿号艇、＿＿号艇、＿＿号艇、＿＿号艇

④ 7Rの結果

7R　　予　選　　　　　　　H1800m

| 着 | 艇 | 登番 | 選手名 | モータ | ボート | 展示 | 進入 | スタートタイミング | レースタイム |
|---|---|---|---|---|---|---|---|---|---|
| 01 | 1 | 3959 | 坪井 康晴 | 54 | 46 | 6.91 | 1 | 0.09 | 1.49.8 |
| 02 | 4 | 3388 | 今垣 光太郎 | 64 | 14 | 6.98 | 4 | 0.11 | 1.51.4 |
| 03 | 3 | 3960 | 菊地 孝平 | 17 | 36 | 6.97 | 2 | 0.15 | 1.52.7 |
| 04 | 2 | 4075 | 中野 次郎 | 62 | 16 | 6.98 | 5 | 0.17 | 1.53.2 |
| 05 | 5 | 3713 | 伊藤 誠二 | 12 | 27 | 6.90 | 6 | 0.20 | 1.53.7 |
| 06 | 6 | 3590 | 濱野谷 憲吾 | 71 | 10 | 7.01 | 3 | 0.11 | 2.07.3 |

決め手　抜き
進入　136425
着順　①④③②⑤⑥

| 7R | 単 | 複 | 複 |  | 3連単 | 3連複 | 2連単 | 2連複 | 拡連複 1~2,1~3,2~3 着 | | |
|---|---|---|---|---|---|---|---|---|---|---|---|
|  | 1着 | 1着 | 2着 | 人気 | 4 | 1 | 1 | 2 | 1 | 2 | 5 |
| 払戻金 | 270 | 260 | 160 |  | 1860 | 490 | 590 | 380 | 140 | 200 | 320 |

(4) 8Rの方向出目
　① 8Rの番組表

8R 予　　選　　　　　　　　　H1800m　電話投票締切予定 14:12
--------------------------------------------------------------------------------
艇 選手 選手　年 出 体級　　全国　　　　当地　　　モーター　　ボート　　今節成績　　早
番 登番　名　齢 身 重別　勝率　2率　勝率　2率　NO　2率　NO　2率　1 2 3 4 5 6 見
--------------------------------------------------------------------------------

1 3783 瓜生正義 30 福岡 51A1　7.45 55.10　8.47 58.82　70 34.12　12 36.67　2 6　　　　12
2 3554 仲口博崇 33 愛知 50A1　7.73 52.89　7.65 35.29　75 35.03　44 41.21　2 51
3 2942 瀬尾達也 46 徳島 53A1　7.04 49.52　0.00　0.00　38 31.28　18 37.74　661
4 3582 吉川昭男 33 滋賀 50A1　6.85 53.60　0.00　0.00　55 25.57　24 37.50　655　　　 1
5 3327 野長瀬正 38 静岡 53A1　6.94 46.28　0.00　0.00　61 30.99　29 31.06　1 3　　　　3
6 3436 柏野幸二 36 岡山 50A1　7.42 55.93　7.55 54.55　16 43.57　61 35.46　4 33


　② 8Rの気象情報

　　　　天　候　くもり
　　　　波　高　4cm
　　　　風　向　南　追い風
　　　　風　速　6m
　　　　気　温　15.0℃
　　　　水　温　16.0℃


8Rの番組表からご記入して体験して下さい。
全国勝率の1～3の順位は＿＿号艇、＿＿号艇、＿＿号艇
当地勝率の1～3の順位は＿＿号艇、＿＿号艇、＿＿号艇
早見は2号艇、＿＿号艇、＿＿号艇、＿＿号艇、＿＿号艇

### ③ 8Rの方向出目表

|     | 1R | 2R | 3R | 4R | 5R | 6R | 7R | 8R | 9R | 10R | 11R | 12R |
|-----|----|----|----|----|----|----|----|----|----|-----|-----|-----|
| 1=2 |    | ○  |    | ○  |    |    |    |    |    |     |     |     |
| 1=3 |    | ●○ |    |    |    |    |    |    |    |     |     |     |
| 1=4 |    |    |    | ●○ |    | ○  | ●  |    |    |     |     |     |
| 1=5 |    |    |    | ○  |    | ●○ |    |    |    |     |     |     |
| 1=6 | ●  |    |    | ○  | ○  |    |    |    |    |     |     |     |
| 2=3 |    |    | ●○ |    |    |    |    |    |    |     |     |     |
| 2=4 |    |    |    |    | ●○ |    |    |    |    |     |     |     |
| 2=5 |    |    | ○  |    |    |    |    |    |    |     |     |     |
| 2=6 |    |    |    |    |    | ○  |    |    |    |     |     |     |
| 3=4 |    |    |    |    |    |    |    |    |    |     |     |     |
| 3=5 |    |    |    |    |    |    |    |    |    |     |     |     |
| 3=6 |    |    |    |    | ○  |    |    |    |    |     |     |     |
| 4=5 |    |    | ○  |    |    |    |    |    |    |     |     |     |
| 4=6 |    |    |    |    |    |    |    |    |    |     |     |     |
| 5=6 |    |    |    |    |    |    |    |    |    |     |     |     |
| 人気 | 1  | 1  | 5  | 7  | 1 3 | 1 | 2 |    |    |     |     |     |
| 2連 | 480 | 280 | 830 | 1380 | 3830 | 360 | 380 |    |    |     |     |     |
| 全国 | 415 | 123 | 235 | 215 | 632 | 541 | 415 |    |    |     |     |     |
| 当地 | 416 | 346 | 345 | 654 | 156 | 364 | 463 |    |    |     |     |     |
| 早見 | 235 | 45 | 3 | 123 | 146 | 2145 | 46 |    |    |     |     |     |
| 結果 | なし | 的中 | 的中 | 的中 | 的中 | 的中 |    |    |    |     |     |     |
| 風向 | 追風 | 追風 | 追風 | 追風 | 追風 | 追風 | 追風 |    |    |     |     |     |

8Rの予想；全国勝率は　　号艇が①、当地勝率は　　号艇が①
山方向として、＿＿＝＿＿、＿＿＝＿＿、＿＿＝＿＿、＿＿＝＿＿
谷方向として、＿＿＝＿＿、＿＿＝＿＿、＿＿＝＿＿、＿＿＝＿＿
早見は＿＿号艇、＿＿号艇、＿＿号艇、＿＿号艇

④ 8Rの結果

8R　　予　選　　　　　　　H1800m

| 着 | 艇 | 登番 | 選手名 | モータ | ボート | 展示 | 進入 | スタートタイミング | レースタイム |
|---|---|---|---|---|---|---|---|---|---|
| 01 | 2 | 3554 | 仲口博崇 | 75 | 44 | 6.90 | 2 | 0.16 | 1.49.5 |
| 02 | 6 | 3436 | 柏野幸二 | 16 | 61 | 6.93 | 6 | 0.28 | 1.51.1 |
| 03 | 1 | 3783 | 瓜生正義 | 70 | 12 | 7.01 | 1 | 0.06 | 1.52.0 |
| 04 | 4 | 3582 | 吉川昭男 | 55 | 24 | 7.01 | 5 | 0.21 | 1.54.0 |
| 05 | 3 | 2942 | 瀬尾達也 | 38 | 18 | 6.90 | 3 | 0.04 | 1.54.3 |
| 06 | 5 | 3327 | 野長瀬正孝 | 61 | 29 | 7.13 | 4 | 0.10 | 1.55.6 |

決め手　差し
進入　1 2 3 5 4 6
着順　②⑥①④③⑤

| 8R | 単 | 複 | 複 |  | 3連単 | 3連複 | 2連単 | 2連複 | 拡連複 1~2,1~3,2~3 着 | | |
|---|---|---|---|---|---|---|---|---|---|---|---|
|  | 1着 | 1着 | 2着 | 人気 | 13 | 3 | 5 | 5 | 6 | 1 | 8 |
| 払戻金 | 220 | 200 | 440 |  | 4040 | 560 | 1430 | 1160 | 260 | 130 | 360 |

(4) 9Rの方向出目
　① 9Rの番組表

9R 予　　選　　　　　　　H1800m　電話投票締切予定 14:46
---------------------------------------------------------------
艇 選手 選手　年 出 体級　全国　　当地　　モーター　ボート　今節成績　早
番 登番 名　　齢 身 重別　勝率 2率 勝率 2率 NO 2率 NO 2率 1 2 3 4 5 6 見
---------------------------------------------------------------
1 3876 中辻崇人 29 福岡 51A1 6.62 46.56 5.82 39.47 21 38.62 51 36.31 4 12
2 3557 太田和美 33 奈良 53A1 7.38 50.54 7.38 12.50 25 36.67 66 29.80 S 53
3 3497 後藤　浩 37 東京 50A1 7.67 61.06 6.84 42.11 59 30.92 72 37.33 5 4　　　　5
4 3452 吉田徳夫 35 愛知 54A1 7.00 57.93 6.00 40.00 50 39.74 41 35.44 464　　　1
5 3697 勝野竜司 33 兵庫 51A1 6.57 41.74 8.41 79.31 24 33.69 64 47.09 1 56
6 3347 矢後　剛 39 東京 53A1 6.22 33.68 7.71 63.95 51 33.33 20 34.81 331　　　3


　② 9Rの気象情報

　　　　天　候　くもり
　　　　波　高　4cm
　　　　風　向　南　追い風
　　　　風　速　6m
　　　　気　温　15.0℃
　　　　水　温　16.0℃


9Rの番組表からご記入して体験して下さい。
全国勝率の1～3の順位は____号艇、____号艇、____号艇
当地勝率の1～3の順位は____号艇、____号艇、____号艇
早見は2号艇、____号艇、____号艇、____号艇、____号艇

③ 9Rの方向出目表

|  | 1R | 2R | 3R | 4R | 5R | 6R | 7R | 8R | 9R | 10R | 11R | 12R |
|---|---|---|---|---|---|---|---|---|---|---|---|---|
| 1=2 |  | ○ |  | ○ |  |  |  |  |  |  |  |  |
| 1=3 |  | ●○ |  |  |  |  |  |  |  |  |  |  |
| 1=4 |  | ○ |  | ● |  | ○ | ● |  |  |  |  |  |
| 1=5 |  |  |  | ○ |  | ●○ |  |  |  |  |  |  |
| 1=6 | ● |  |  |  |  |  |  |  |  |  |  |  |
| 2=3 |  |  | ●○ |  |  |  |  |  |  |  |  |  |
| 2=4 |  |  |  |  | ●○ |  |  |  |  |  |  |  |
| 2=5 |  |  | ○ |  |  |  |  |  |  |  |  |  |
| 2=6 |  |  |  |  |  | ○ |  | ● |  |  |  |  |
| 3=4 |  |  |  |  |  |  |  |  |  |  |  |  |
| 3=5 |  |  |  |  |  |  |  |  |  |  |  |  |
| 3=6 |  |  |  |  | ○ |  |  |  |  |  |  |  |
| 4=5 |  |  | ○ |  |  |  |  |  |  |  |  |  |
| 4=6 |  |  |  |  |  |  |  |  |  |  |  |  |
| 5=6 |  |  |  |  |  |  |  |  |  |  |  |  |
| 人気 | 1 | 1 | 5 | 7 | 13 | 1 | 2 | 5 |  |  |  |  |
| 2連 | 480 | 280 | 830 | 1380 | 3830 | 360 | 380 | 1160 |  |  |  |  |
| 全国 | 415 | 123 | 235 | 215 | 632 | 541 | 415 | 324 |  |  |  |  |
| 当地 | 416 | 346 | 345 | 654 | 156 | 364 | 463 | 562 |  |  |  |  |
| 早見 | 235 | 45 | 3 | 123 | 146 | 2145 | 46 | 3 |  |  |  |  |
| 結果 | なし | 的中 | 的中 | 的中 | 的中 | 的中 |  |  |  |  |  |  |
| 風向 | 追風 | 追風 | 追風 | 追風 | 追風 | 追風 | 追風 | 追風 |  |  |  |  |

9Rの予想；全国勝率は＿＿号艇が①、当地勝率は＿＿号艇が①
山方向として、＿＿=＿＿、＿＿=＿＿、＿＿=＿＿
谷方向として、＿＿=＿＿、＿＿=＿＿、＿＿=＿＿
早見は＿＿号艇、＿＿号艇、＿＿号艇、＿＿号艇

④ 9Rの気象情報と結果

9R　　　予　選　　　　　　　H1800m

| 着 | 艇 | 登番 | 選手名 | モータ | ボート | 展示 | 進入 | スタートタイミング | レースタイム |
|---|---|---|---|---|---|---|---|---|---|
| 01 | 3 | 3497 | 後藤　浩 | 59 | 72 | 6.89 | 3 | 0.07 | 1.49.5 |
| 02 | 1 | 3876 | 中辻崇人 | 21 | 51 | 6.90 | 1 | 0.11 | 1.51.3 |
| 03 | 2 | 3557 | 太田和美 | 25 | 66 | 6.86 | 2 | 0.07 | 1.51.6 |
| 04 | 5 | 3697 | 勝野竜司 | 24 | 64 | 6.90 | 5 | 0.14 | 1.52.2 |
| 05 | 6 | 3347 | 矢後　剛 | 51 | 20 | 6.84 | 6 | 0.24 | 1.53.6 |
| 06 | 4 | 3452 | 吉田徳夫 | 50 | 41 | 6.97 | 4 | 0.11 | 1.56.0 |

決め手　差し
進入　1 2 3 4 5 6
着順　③①②⑤⑥④

| 9R | 単 | 複 | 複 | | 3連単 | 3連複 | 2連単 | 2連複 | 拡連複 1~2,1~3,2~3 着 | | |
|---|---|---|---|---|---|---|---|---|---|---|---|
| | 1着 | 1着 | 2着 | 人気 | 29 | 3 | 11 | 2 | 4 | 6 | 1 |
| 払戻金 | 580 | 150 | 130 | | 6610 | 630 | 2560 | 710 | 250 | 310 | 190 |

(4) １０Ｒの方向出目
　①　１０Ｒの番組表

```
10R  予    選                H1800m   電話投票締切予定 15:21
------------------------------------------------------------------------
艇 選手 選手       年 出 体級   全国      当地      モーター  ボート  今節成績  早
番 登番 名        齢 身 重別   勝率 2率  勝率 2率  NO 2率   NO 2率  123456 見
------------------------------------------------------------------------

1 3285 植木通彦 37 福岡 51A1 8.67 68.37 7.47 33.33 57 34.50 69 40.13 3 55        5
2 3942 寺田  祥 27 山口 53A1 6.46 39.33 4.78  0.00 45 34.78 56 36.02 224         3
3 3774 横西奏恵 31 徳島 47A2 7.10 58.65 5.89 55.56 72 27.89 70 34.23 2 1         6
4 3873 別府昌樹 29 広島 51A1 7.10 58.10 5.69 37.50 15 30.20 57 40.12 3 22
5 3854 吉川元浩 33 兵庫 49A1 8.02 56.41 0.00  0.00 46 39.04 34 31.41 144         4
6 3056 松野京吾 49 山口 48A1 7.71 66.42 5.84 44.74 43 33.91 71 39.01 415
```

　②　１０Ｒの気象情報

　　　　　天　候　くもり
　　　　　波　高　4cm
　　　　　風　向　南　追い風
　　　　　風　速　6m
　　　　　気　温　15.0℃
　　　　　水　温　16.0℃

10Ｒの番組表からご記入して体験して下さい。
全国勝率の１〜３の順位は＿＿号艇、＿＿号艇、＿＿号艇
当地勝率の１〜３の順位は＿＿号艇、＿＿号艇、＿＿号艇
早見は２号艇、＿＿号艇、＿＿号艇、＿＿号艇、＿＿号艇

### ③ 10Rの方向出目表

|     | 1R | 2R | 3R | 4R | 5R | 6R | 7R | 8R | 9R | 10R | 11R | 12R |
|-----|----|----|----|----|----|----|----|----|----|-----|-----|-----|
| 1=2 |    | ○  |    | ○  |    |    |    |    |    |     |     |     |
| 1=3 |    | ●○ |    |    |    |    |    |    | ●  |     |     |     |
| 1=4 |    | ○  |    | ●○ |    | ○  | ●  |    |    |     |     |     |
| 1=5 |    |    |    |    | ○  | ●○ |    |    |    |     |     |     |
| 1=6 | ●  |    |    |    | ○  |    |    |    |    |     |     |     |
| 2=3 |    |    | ●○ |    |    |    |    |    |    |     |     |     |
| 2=4 |    |    |    |    | ●○ |    |    |    |    |     |     |     |
| 2=5 |    |    | ○  |    |    |    |    |    |    |     |     |     |
| 2=6 |    |    |    |    |    | ○  |    | ●  |    |     |     |     |
| 3=4 |    |    |    |    |    |    |    |    |    |     |     |     |
| 3=5 |    |    |    |    |    |    |    |    |    |     |     |     |
| 3=6 |    |    |    |    |    | ○  |    |    |    |     |     |     |
| 4=5 |    |    | ○  |    |    |    |    |    |    |     |     |     |
| 4=6 |    |    |    |    |    |    |    |    |    |     |     |     |
| 5=6 |    |    |    |    |    |    |    |    |    |     |     |     |
| 人気 | 1 | 1 | 5 | 7 | 13 | 1 | 2 | 5 | 2 |     |     |     |
| 2連 | 480 | 280 | 830 | 1380 | 3830 | 360 | 380 | 1160 | 710 |     |     |     |
| 全国 | 415 | 123 | 235 | 215 | 632 | 541 | 415 | 324 | 324 |     |     |     |
| 当地 | 416 | 346 | 345 | 654 | 156 | 364 | 463 | 562 | 562 |     |     |     |
| 早見 | 235 | 45 | 3 | 123 | 146 | 2145 | 46 | 3 | 3 |     |     |     |
| 結果 | なし | 的中 | 的中 | 的中 | 的中 | 的中 |    |    |    |     |     |     |
| 風向 | 追風 | 追風 | 追風 | 追風 | 追風 | 追風 | 追風 | 追風 | 追風 |     |     |     |

10Rの予想；全国勝率は　　　号艇が①、当地勝率は　　　号艇が①

山方向として、＿＿＝＿＿、＿＿＝＿＿、＿＿＝＿＿

谷方向として、＿＿＝＿＿、＿＿＝＿＿、＿＿＝＿＿

早見は＿＿号艇、＿＿号艇、＿＿号艇、＿＿号艇

④ 10Rの結果

10R　　予　選　　　　　　　　H1800m

|   |   |   |   |   |   |   |   | スタート | レース |
|---|---|---|---|---|---|---|---|---|---|
| 着 | 艇 | 登番 | 選手名 | モータ | ボート | 展示 | 進入 | タイミング | タイム |
| 01 | 4 | 3873 | 別府昌樹 | 15 | 57 | 6.89 | 5 | 0.14 | 1.49.4 |
| 02 | 5 | 3854 | 吉川元浩 | 46 | 40 | 6.99 | 6 | 0.19 | 1.50.8 |
| 03 | 3 | 3774 | 横西奏恵 | 72 | 70 | 6.95 | 4 | 0.26 | 1.52.7 |
| 04 | 6 | 3056 | 松野京吾 | 43 | 71 | 6.84 | 2 | 0.17 | 1.54.3 |
| 05 | 2 | 3942 | 寺田　祥 | 45 | 56 | 6.88 | 3 | 0.21 | 1.56.2 |
| 06 | 1 | 3285 | 植木通彦 | 57 | 69 | 6.90 | 1 | 0.18 | 2.07.6 |

決め手　まくり
進入　162345
着順　④⑤③⑥②①

| 10R | 単 | 複 | 複 |  | 3連単 | 3連複 | 2連単 | 2連複 | 拡連複 | 1~2, | 1~3, | 2~3 着 |
|---|---|---|---|---|---|---|---|---|---|---|---|---|
|  | 1着 | 1着 | 2着 | 人気 | 51 | 13 | 11 | 6 | 7 | 5 | 11 |  |
| 払戻金 | 520 | 230 | 210 |  | 11410 | 1900 | 2720 | 1300 | 410 | 370 | 510 |  |

(4) 11Rの方向出目
　① 11Rの番組表

11R　予　　選　　　　　　　　　H1800m　電話投票締切予定 15:57
------------------------------------------------------------------------

| 艇番 | 選手登番 | 選手名 | 年齢 | 出身 | 体重級別 | 全国勝率 | 2率 | 当地勝率 | 2率 | モーターNO | 2率 | ボートNO | 2率 | 今節成績 1 2 3 4 5 6 | 早見 |
|---|---|---|---|---|---|---|---|---|---|---|---|---|---|---|---|
| 1 | 4030 | 森高一真 | 27 | 香川 | 52A1 | 7.70 | 54.40 | 6.17 | 44.44 | 31 | 33.90 | 11 | 40.91 | 2 4 2 | |
| 2 | 3388 | 今垣光太 | 36 | 石川 | 50A1 | 7.57 | 54.70 | 8.67 | 55.56 | 64 | 36.36 | 14 | 36.53 | 1 6 | 7 |
| 3 | 4044 | 湯川浩司 | 26 | 大阪 | 51A1 | 7.85 | 60.32 | 0.00 | 0.00 | 49 | 42.95 | 47 | 33.54 | 1 5 3 | 6 |
| 4 | 3622 | 山崎智也 | 32 | 群馬 | 52A1 | 8.27 | 57.14 | 8.50 | 67.39 | 32 | 33.71 | 28 | 35.37 | 2 3 3 | |
| 5 | 3422 | 服部幸男 | 35 | 静岡 | 55A1 | 7.22 | 45.71 | 7.70 | 59.26 | 65 | 29.47 | 23 | 30.07 | 2 4 | 5 |
| 6 | 3792 | 田中 豪 | 33 | 東京 | 52A1 | 7.59 | 61.46 | 7.07 | 58.16 | 69 | 29.91 | 45 | 44.25 | 2 1 | 4 |

　② 11Rの気象情報

　　　　天　候　　くもり
　　　　波　高　　4cm
　　　　風　向　　南　追い風
　　　　風　速　　6m
　　　　気　温　　15.0℃
　　　　水　温　　16.0℃

11Rの番組表からご記入して体験して下さい。
全国勝率の1～3の順位は＿＿号艇、＿＿号艇、＿＿号艇
当地勝率の1～3の順位は＿＿号艇、＿＿号艇、＿＿号艇
早見は2号艇、＿＿号艇、＿＿号艇、＿＿号艇、＿＿号艇

③ 11Rの方向出目表

|   | 1R | 2R | 3R | 4R | 5R | 6R | 7R | 8R | 9R | 10R | 11R | 12R |
|---|---|---|---|---|---|---|---|---|---|---|---|---|
| 1=2 |  | ○ |  | ○ |  |  |  |  |  |  |  |  |
| 1=3 |  | ● |  |  |  |  |  |  | ● |  |  |  |
| 1=4 |  | ○ |  | ● |  | ○ | ● |  |  |  |  |  |
| 1=5 |  |  |  | ○ |  | ○ ● |  |  |  |  |  |  |
| 1=6 | ● |  |  | ○ | ○ |  |  |  |  |  |  |  |
| 2=3 |  |  | ● ○ |  |  |  |  |  |  |  |  |  |
| 2=4 |  |  |  |  | ● ○ |  |  |  |  |  |  |  |
| 2=5 |  |  | ○ |  |  |  |  |  |  |  |  |  |
| 2=6 |  |  |  |  |  | ○ |  | ● |  |  |  |  |
| 3=4 |  |  |  |  |  |  |  |  |  |  |  |  |
| 3=5 |  |  |  |  |  |  |  |  |  |  |  |  |
| 3=6 |  |  |  |  |  | ○ |  |  |  |  |  |  |
| 4=5 |  |  |  | ○ |  |  |  |  |  | ● |  |  |
| 4=6 |  |  |  |  |  |  |  |  |  |  |  |  |
| 5=6 |  |  |  |  |  |  |  |  |  |  |  |  |
| 人気 | 1 | 1 | 5 | 7 | 13 | 1 | 2 | 5 | 2 | 6 |  |  |
| 2連 | 480 | 280 | 830 | 1380 | 3830 | 360 | 380 | 1160 | 710 | 1300 |  |  |
| 全国 | 415 | 123 | 235 | 215 | 632 | 541 | 415 | 324 | 324 | 156 |  |  |
| 当地 | 416 | 346 | 345 | 654 | 156 | 364 | 463 | 562 | 562 | 136 |  |  |
| 早見 | 235 | 45 | 3 | 123 | 146 | 2145 | 46 | 3 | 3 | 13 |  |  |
| 結果 | なし | 的中 | 的中 | 的中 | 的中 | 的中 |  |  |  |  |  |  |
| 風向 | 追風 | 追風 | 追風 | 追風 | 追風 | 追風 | 追風 | 追風 | 追風 |  |  |  |

11Rの予想；全国勝率は＿＿号艇が①、当地勝率は＿＿号艇が①
山方向として、＿＿＝＿＿、＿＿＝＿＿、＿＿＝＿＿
谷方向として、＿＿＝＿＿、＿＿＝＿＿、＿＿＝＿＿
早見は＿＿号艇、＿＿号艇、＿＿号艇、＿＿号艇

④ 11Rの結果

11R　　予　選　　　　　　　　H1800m

| 着 | 艇 | 登番 | 選手名 | モータ | ボート | 展示 | 進入 | スタートタイミング | レースタイム |
|---|---|---|---|---|---|---|---|---|---|
| 01 | 3 | 4044 | 湯川 浩司 | 49 | 47 | 6.97 | 4 | 0.07 | 1.48.8 |
| 02 | 2 | 3388 | 今垣 光太郎 | 64 | 14 | 7.05 | 3 | 0.15 | 1.51.8 |
| 03 | 1 | 4030 | 森高 一真 | 31 | 11 | 7.06 | 1 | 0.11 | 1.53.2 |
| 04 | 5 | 3422 | 服部 幸男 | 65 | 23 | 6.99 | 2 | 0.11 | 1.53.8 |
| 05 | 4 | 3622 | 山崎 智也 | 32 | 28 | 6.98 | 5 | 0.19 | 1.54.0 |
| 06 | 6 | 3792 | 田中 豪 | 69 | 45 | 6.89 | 6 | 0.20 | 1.56.3 |

決め手　まくり
進入　152346
着順　③②①⑤④⑥

| 11R | 単 | 複 | 複 |  | 3連単 | 3連複 | 2連単 | 2連複 | 拡連複 1~2,1~3,2~3 着 |||
|---|---|---|---|---|---|---|---|---|---|---|---|
|  | 1着 | 1着 | 2着 | 人気 | 50 | 4 | 12 | 7 | 7 | 3 | 5 |
| 払戻金 | 430 | 260 | 160 |  | 9990 | 860 | 2160 | 1230 | 380 | 270 | 330 |

## (4) 12Rの方向出目
### ① 12Rの番組表

12R 予　　選　　　　　　　　H1800m　電話投票締切予定 16：35

| 艇番 | 選手登番 | 選手名 | 年齢 | 出身 | 体重級別 | 全国勝率 | 2率 | 当地勝率 | 2率 | モーターNO | 2率 | ボートNO | 2率 | 今節成績 1 2 3 4 5 6 | 早見 |
|---|---|---|---|---|---|---|---|---|---|---|---|---|---|---|---|
| 1 | 3590 | 濱野谷憲 | 32 | 東京 | 54A1 | 7.21 | 47.42 | 8.53 | 71.67 | 71 | 36.27 | 10 | 29.50 | 5 2 | 7 |
| 2 | 3946 | 赤岩善生 | 30 | 愛知 | 55A1 | 7.28 | 47.57 | 7.91 | 64.44 | 18 | 31.72 | 21 | 29.45 | 5 32 | |
| 3 | 3952 | 中澤和志 | 29 | 宮城 | 54A1 | 6.94 | 47.92 | 6.54 | 40.00 | 39 | 37.65 | 17 | 39.24 | 121 | |
| 4 | 3783 | 瓜生正義 | 30 | 福岡 | 51A1 | 7.45 | 55.10 | 8.47 | 58.82 | 70 | 34.12 | 12 | 36.67 | 2 6 | 8 |
| 5 | 3822 | 平尾崇典 | 33 | 岡山 | 49A1 | 6.58 | 40.38 | 0.00 | 0.00 | 60 | 47.54 | 59 | 30.00 | 1 4 | 6 |
| 6 | 3312 | 新美進司 | 41 | 愛知 | 51A1 | 6.75 | 48.70 | 6.11 | 33.33 | 47 | 23.84 | 67 | 29.70 | 261 | 4 |

### ② 12Rの気象情報

　　　天　候　雨
　　　波　高　4cm
　　　風　向　南　追い風
　　　風　速　5m
　　　気　温　14.0℃
　　　水　温　16.0℃

12Rの番組表からご記入して体験して下さい。
全国勝率の1～3の順位は＿＿号艇、＿＿号艇、＿＿号艇
当地勝率の1～3の順位は＿＿号艇、＿＿号艇、＿＿号艇
早見は2号艇、＿＿号艇、＿＿号艇、＿＿号艇、＿＿号艇

### ③ １２Ｒの方向出目表

| | 1R | 2R | 3R | 4R | 5R | 6R | 7R | 8R | 9R | 10R | 11R | 12R |
|---|---|---|---|---|---|---|---|---|---|---|---|---|
| 1=2 | | ○ | | ○ | | | | | | | | |
| 1=3 | | ● ○ | | | | | | | ● | | | |
| 1=4 | | ○ | | ● ○ | | ○ | ● | | | | | |
| 1=5 | | | | | ○ | ● ○ | | | | | | |
| 1=6 | ● | | | | ○ | | | | | | | |
| 2=3 | | | ● ○ | | | | | | | | ● | |
| 2=4 | | | | | ● ○ | | | | | | | |
| 2=5 | | | ○ | | | | | | | | | |
| 2=6 | | | | | | ○ | | ● | | | | |
| 3=4 | | | | | | | | | | | | |
| 3=5 | | | | | | | | | | | | |
| 3=6 | | | | | | ○ | | | | | | |
| 4=5 | | | ○ | | | | | | | ● | | |
| 4=6 | | | | | | | | | | | | |
| 5=6 | | | | | | | | | | | | |
| 人気 | 1 | 1 | 5 | 7 | 13 | 1 | 2 | 5 | 2 | 6 | 5 | |
| ２連 | 480 | 280 | 830 | 1380 | 3830 | 360 | 380 | 1160 | 710 | 1300 | 850 | |
| 全国 | 415 | 123 | 235 | 215 | 632 | 541 | 415 | 324 | 324 | 156 | 431 | |
| 当地 | 416 | 346 | 345 | 654 | 156 | 364 | 463 | 562 | 562 | 134 | 245 | |
| 早見 | 235 | 45 | 3 | 123 | 146 | 2145 | 46 | 3 | 3 | 13 | 235 | |
| 結果 | なし | 的中 | 的中 | 的中 | 的中 | 的中 | | | | | | |
| 風向 | 追風 | 追風 | 追風 | 追風 | 追風 | 追風 | 追風 | 追風 | 追風 | 追風 | 追風 | |

④ 12Rの結果

12R　　予　選　　　　　　　H1800m

| 着 | 艇 | 登番 | 選手名 | モータ | ボート | 展示 | 進入 | スタートタイミング | レースタイム |
|---|---|---|---|---|---|---|---|---|---|
| 01 | 4 | 3783 | 瓜生正義 | 70 | 12 | 6.91 | 4 | 0.22 | 1.48.9 |
| 02 | 1 | 3590 | 濱野谷憲吾 | 71 | 10 | 6.93 | 1 | 0.12 | 1.50.6 |
| 03 | 2 | 3946 | 赤岩善生 | 18 | 21 | 6.81 | 2 | 0.13 | 1.52.2 |
| 04 | 5 | 3822 | 平尾崇典 | 60 | 59 | 6.78 | 5 | 0.16 | 1.53.4 |
| 05 | 6 | 3312 | 新美進司 | 47 | 67 | 6.79 | 6 | 0.39 | 1.53.7 |
| 06 | 3 | 3952 | 中澤和志 | 39 | 17 | 6.90 | 3 | 0.14 | 1.53.8 |

決め手　抜き
進入　1 2 3 4 5 6
着順　④①②⑤⑥③

| 12R | 単 | 複 | 複 |  | 3連単 | 3連複 | 2連単 | 2連複 | 拡連複 1~2,1~3,2~3 着 | | |
|---|---|---|---|---|---|---|---|---|---|---|---|
|  | 1着 | 1着 | 2着 | 人気 | 51 | 8 | 13 | 5 | 4 | 9 | 3 |
| 払戻金 | 510 | 270 | 160 |  | 10400 | 1310 | 2700 | 850 | 220 | 500 | 220 |

⑤ 12Rの方向出目表完

|  | 1R | 2R | 3R | 4R | 5R | 6R | 7R | 8R | 9R | 10R | 11R | 12R |
|---|---|---|---|---|---|---|---|---|---|---|---|---|
| 1=2 |  | ○ |  | ○ |  |  |  |  |  |  |  |  |
| 1=3 |  | ● |  |  |  |  |  |  | ● |  |  |  |
| 1=4 |  | ○ |  | ●○ |  | ○ | ● |  |  |  |  | ● |
| 1=5 |  |  |  | ○ |  | ●○ |  |  |  |  |  |  |
| 1=6 | ● |  |  |  | ○ |  |  |  |  |  |  |  |
| 2=3 |  |  | ●○ |  |  |  |  |  |  |  | ● |  |
| 2=4 |  |  |  |  | ●○ |  |  |  |  |  |  |  |
| 2=5 |  |  | ○ |  |  |  |  |  |  |  |  |  |
| 2=6 |  |  |  |  |  | ○ |  | ● |  |  |  |  |
| 3=4 |  |  |  |  |  |  |  |  |  |  |  |  |
| 3=5 |  |  |  |  |  |  |  |  |  |  |  |  |
| 3=6 |  |  |  |  |  | ○ |  |  |  |  |  |  |
| 4=5 |  |  | ○ |  |  |  |  |  |  | ● |  |  |
| 4=6 |  |  |  |  |  |  |  |  |  |  |  |  |
| 5=6 |  |  |  |  |  |  |  |  |  |  |  |  |
| 人気 | 1 | 1 | 5 | 7 | 13 | 1 | 2 | 5 | 2 | 6 | 7 | 5 |
| 2連 | 480 | 280 | 830 | 1380 | 3830 | 360 | 380 | 1160 | 710 | 1300 | 1230 | 850 |
| 全国 | 415 | 123 | 235 | 215 | 632 | 541 | 415 | 324 | 324 | 156 | 431 | 421 |
| 当地 | 416 | 346 | 345 | 654 | 156 | 364 | 463 | 562 | 562 | 134 | 245 | 142 |
| 早見 | 235 | 45 | 3 | 123 | 146 | 2145 | 46 | 3 | 3 | 13 | 235 | 145 |
| 結果 | なし | 的中 | 的中 | 的中 | 的中 | 的中 |  |  |  |  |  |  |
| 風向 | 追風 | 追風 | 追風 | 追風 | 追風 | 追風 | 追風 | 追風 | 追風 | 追風 | 追風 | 追風 |

## 5、水面気象情報と勝率・早見による方向出目の的中実績払戻金

### (1) 予想的中払戻金
| | | | | |
|---|---|---|---|---|
| 2R的中・・2連複 | 280円－300 | （3点×100円） | ＝ | －20円 |
| 3R的中・・2連複 | 830円－300 | （3点×100円） | ＝ | 530円 |
| 4R的中・・2連複 | 1380円－400 | （4点×100円） | ＝ | 980円 |
| 5R外れ・・2連複 | 3830円－400 | （4点×100円） | ＝ | 3430円 |
| 6R的中・・2連複 | 360円－200 | （2点×100円） | ＝ | 160円 |
| 小計 | 6,680円－1,600 | （16点×100円） | ＝ | 5,080円 |

### (2) 体験予想の払戻金
| | | | | |
|---|---|---|---|---|
| 7R＿＿＿・2連複＿＿＿ | ＿＿＿円－＿＿＿ | （＿点×＿＿＿円） | ＝ | ＿＿＿円 |
| 8R＿＿＿・2連複＿＿＿ | ＿＿＿円－＿＿＿ | （＿点×＿＿＿円） | ＝ | ＿＿＿円 |
| 9R＿＿＿・2連複＿＿＿ | ＿＿＿円－＿＿＿ | （＿点×＿＿＿円） | ＝ | ＿＿＿円 |
| 10R＿＿＿・2連複＿＿＿ | ＿＿＿円－＿＿＿ | （＿点×＿＿＿円） | ＝ | ＿＿＿円 |
| 11R＿＿＿・2連複＿＿＿ | ＿＿＿円－＿＿＿ | （＿点×＿＿＿円） | ＝ | ＿＿＿円 |
| 12R＿＿＿・2連複＿＿＿ | ＿＿＿円－＿＿＿ | （＿点×＿＿＿円） | ＝ | ＿＿＿円 |
| 小計 | | | | ＿＿＿円 |
| 合計 | | | | ＿＿＿円 |

## 6、方向出目の実績

### (1) 方向出目用紙による競艇予想

　　この予想は上述の如く、山、谷の波形によるものであり、その方向を自然の法則に従い予想するものであり、その方向の位置を決める情報として、勝率、早見、風向で行うものです。　従って、6人の出場選手で行う為に自然で、適しています。

　　競輪や競馬のように一つの枠に二人以上いると法則のバランスが失われて狂ってしまい、研究しても時間と浪費の負担が嵩むばかりであります。

　　この方向出目による競艇予想をする情報は、主催者発行の番組表、出走表、スポーツ新聞などで入手できるものであり、特に急ぎの直前情報を必要としないものです。

### (2) 過去の方向出目による波形、江戸川、平和島、住之江競艇場

　　平成5年2月12日、第38回関東地区選手権競走の江戸川競艇の9レースの出目方向予想、江戸川競艇は他の競艇場と異なり、他で予想していた手筋でやると外れが多い。山を大きく描く特徴を持っていて、極端に谷底に落ちる傾向が見られます。

　　次頁に示す主催者発行の出走表は、テレビの文字放送チューナの感熱ロール紙に印刷したものであり、パソコンが普及する前の時代のものです。

　　江戸川の複勝率順位、1号艇（浅見敏）、6号艇（桑原順）、5号艇（田中定）であり、印をした方向出目に的中しました。

　　平成5年1月8日、第22回東京ダービーの平和島競艇の第10レースの出目方向予想、平和島競艇場の波形は江戸川競艇場の波形と異なり、それは20数年前から変わりません。

　　平和島の複勝率順位、2号艇（阿部啓）、1号艇（大西英）、5号艇（鍵和田）であり、印をした方向出目に的中しました。

　　平成4年12月22日、第7回賞金王決定戦競走の住之江競艇の12レースの出目方向予想、複勝率順位、2号艇（今村豊）、3号艇（野中和）、5号艇（荘林幸）であり、印をした方向出目に的中しました。

## (3) 狙った出目の的中で大儲け

　全レースを買っていたら外れもあるでしょう。波形の流れを見て、その日の競艇場の強い出目も考慮することが必要であり、方向出目の習得により、来ない出目を予知することができ、レースを絞れるようになります。

　勝舟投票券を買う前にその競艇場の特徴を知る必要が儲けの秘訣であり、また、Ｇ２，Ｇ３，一般レースにより方向出目が変化することがありますから充分に過去番組表からの方向出目用紙による的中率の習得が必要です。

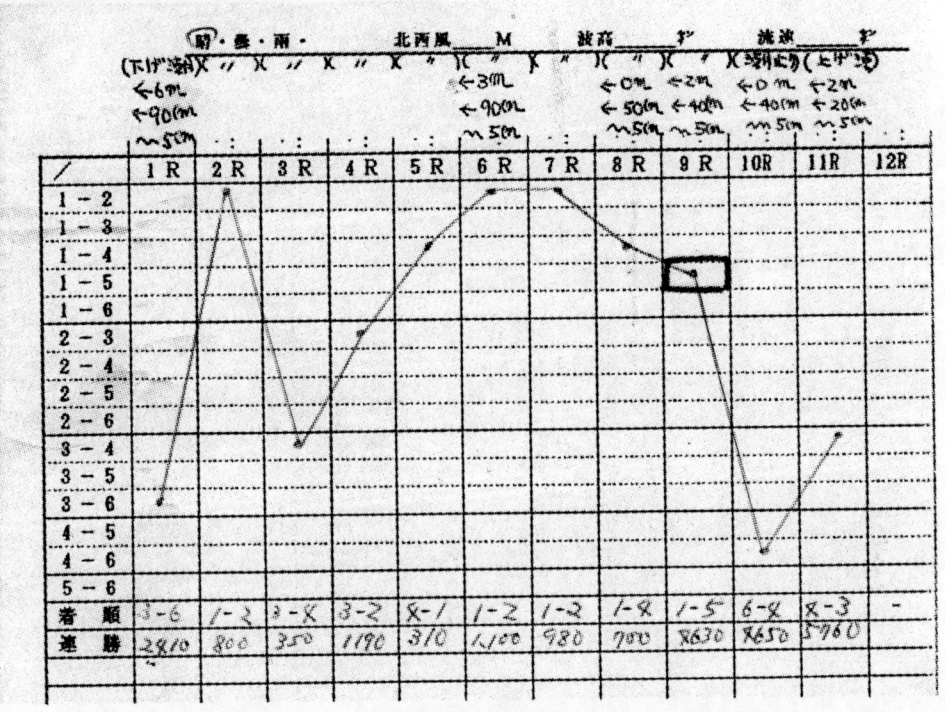

1993（平成5年）2/12 第38回関東地区選手権競走の方向出目予想

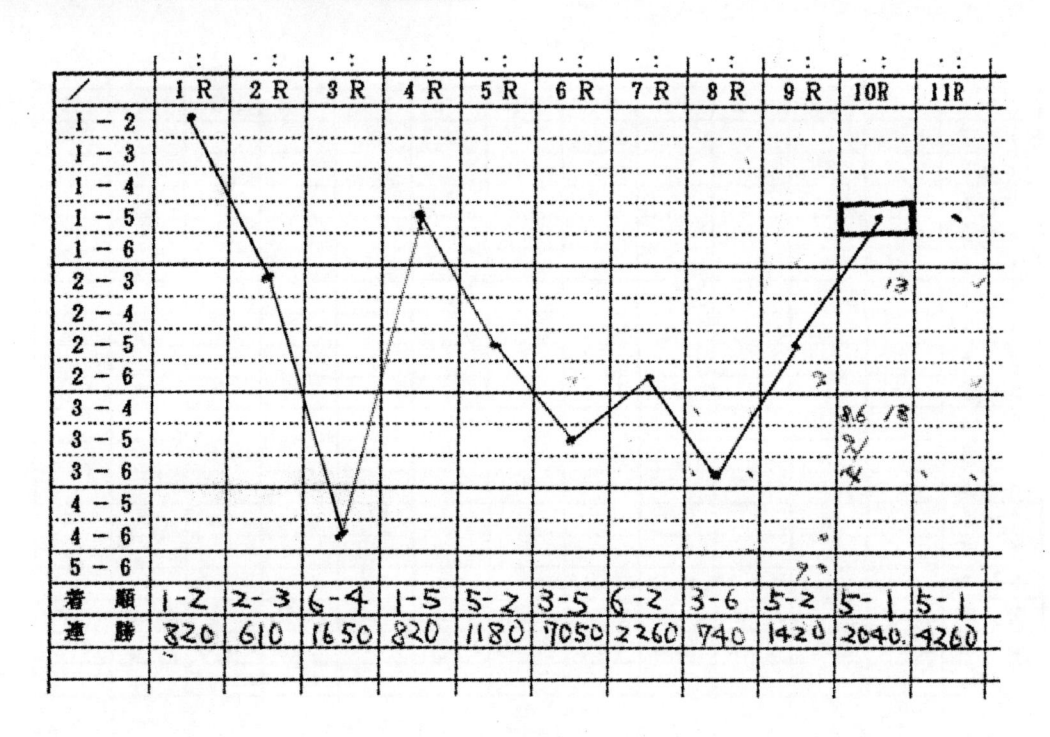

１９９３（平成５年）1/8　第２２回東京ダービーの方向出目予想

|   | 1R | 2R | 3R | 4R | 5R | 6R | 7R | 8R | 9R | 10R | 11R |
|---|----|----|----|----|----|----|----|----|----|-----|-----|
| 1-2 |   |   |   |   |   |   |   |   |   |   |   |
| 1-3 |   |   |   |   |   |   |   |   |   |   |   |
| 1-4 |   |   |   |   |   |   |   |   |   |   |   |
| 1-5 |   |   |   |   |   |   |   |   |   |   |   |
| 1-6 |   |   |   |   |   |   |   |   |   |   |   |
| 2-3 |   |   |   |   |   |   |   |   |   |   |   |
| 2-4 |   |   |   |   |   |   |   |   |   |   |   |
| 2-5 |   |   |   |   |   |   |   |   |   |   |   |
| 2-6 |   |   |   |   |   |   |   |   |   |   |   |
| 3-4 |   |   |   |   |   |   |   |   |   |   |   |
| 3-5 |   |   |   |   |   |   |   |   |   |   |   |
| 3-6 |   |   |   |   |   |   |   |   |   |   |   |
| 4-5 |   |   |   |   |   |   |   |   |   |   |   |
| 4-6 |   |   |   |   |   |   |   |   |   |   |   |
| 5-6 |   |   |   |   |   |   |   |   |   |   |   |
| 着順 | 1-2 | 2-3 | 6-4 | 1-5 | 5-2 | 3-5 | 6-2 | 3-6 | 5-2 | 5-1 | 5-1 |
| 連勝 | 320 | 610 | 1650 | 820 | 1180 | 7050 | 2260 | 740 | 1420 | 2040 | 4260 |

1992（平成4年）12/22　住之江競艇　第7回賞金王決定戦競走

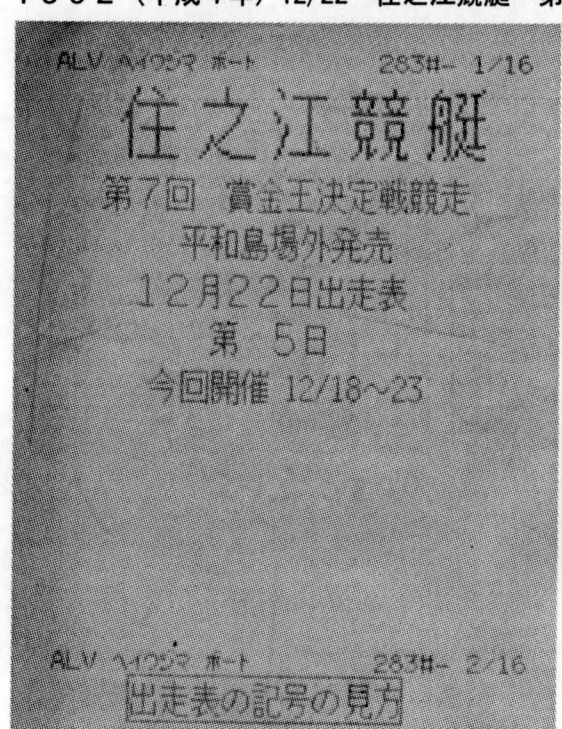

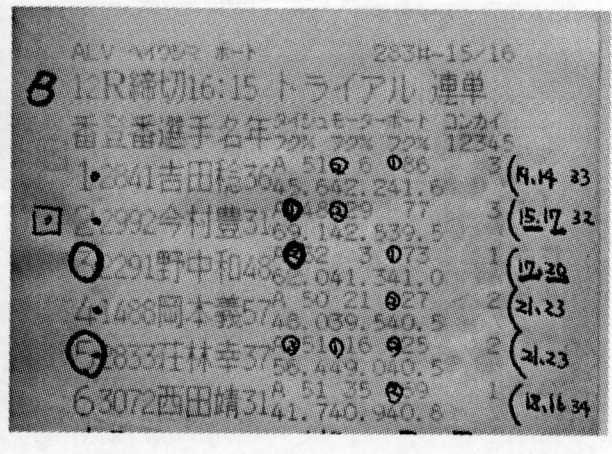

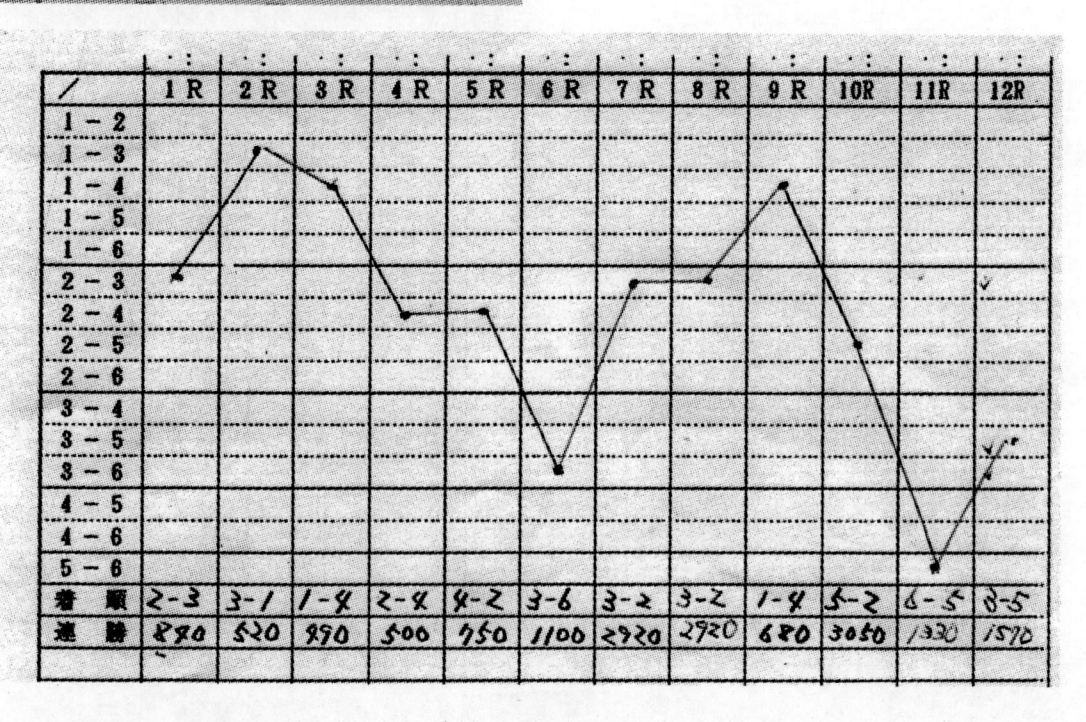

|  | 1R | 2R | 3R | 4R | 5R | 6R | 7R | 8R | 9R | 10R | 11R | 12R |
|---|---|---|---|---|---|---|---|---|---|---|---|---|
| 1-2 | | | | | | | | | | | | |
| 1-3 | | ● | | | | | | | | | | |
| 1-4 | | | ● | | | | | | ● | | | |
| 1-5 | | | | | | | | | | | | |
| 1-6 | | | | | | | | | | | | |
| 2-3 | ● | | | | | | ● | ● | | | ✓ | |
| 2-4 | | | | ● | ● | | | | | | | |
| 2-5 | | | | | | | | | | ● | | |
| 2-6 | | | | | | | | | | | | |
| 3-4 | | | | | | | | | | | | |
| 3-5 | | | | | | | | | | | ✓ | |
| 3-6 | | | | | | ● | | | | | | |
| 4-5 | | | | | | | | | | | | |
| 4-6 | | | | | | | | | | | | |
| 5-6 | | | | | | | | | | | ● | |
| 着順 | 2-3 | 3-1 | 1-4 | 2-4 | 4-2 | 3-6 | 3-2 | 3-2 | 1-4 | 5-2 | 6-5 | 8-5 |
| 連勝 | 880 | 520 | 890 | 500 | 750 | 1100 | 2920 | 2920 | 680 | 3050 | 1330 | 1570 |

104

**7、気象・艇（部品・チルト）・展示タイム・オッズ・実況・結果の情報収集、競艇場一覧**

| 桐　生 |・・・〒379-2311　群馬県みどり市笠懸町阿左美2887　　　℡0277-76-2411
気象・艇 0180-992-711　　オッズ 0180-992-701　　実況 0180-992-721　　結果 0180-992-800

| 戸　田 |・・・〒335-0024 埼玉県戸田市戸田公園 8-22　　　　　　　℡048-441-7711
気象・艇 0180-994-712　　オッズ-994-702　　実況-994-722　　結果 0180-994-700,701

| 江戸川 |・・・〒132-0033 東京都江戸川区東小松川 3-1-1　　　　　℡03-3656-0641
気象・艇 0180-993-713　　オッズ 0180-993-703　　実況 0180-993-723　　結果-993-501,500

| 平和島 |・・・〒143-0006 東京都大田区平和島 1-1-1　　　　　　　℡03-3768-9200
気象・艇 0180-993-714　　オッズ 0180-993-704　　実況 0180-993-724　　結果 03-3540-5600
出走表の取り出しFAX（無料）003-501-(プップップッ)＃287-500-5000-124※0＃＃

| 多摩川 |・・・〒183-8514 東京都府中市是政 4-11　　　　　　　　　℡042-369-1811
気象・艇 0180-994-715　　オッズ 0180-994-705　　実況 0180-994-725　　結果-994-211,212

| 浜名湖 |・・・〒431-0398 静岡県浜名郡新居町中之郷 3727-7　　　　℡053-594-7111
気象・艇 0180-995-660　　オッズ-995-661,664　　実況 0180-995-662　　結果 0180-995-663

| 蒲　郡 |・・・〒443-0046 愛知県蒲郡市竹谷町太田新田 1-1　　　　　℡0533-67-6606
気象・艇 0180-995-770　　オッズ-995-771,774　　実況 0180-995-772　　結果 0180-995-773

| 常　滑 |・・・〒479-0837 愛知県常滑市新開町 4-111　　　　　　　℡0569-35-5211
気象・艇 0180-995-880　　オッズ-995-881,884　　実況 0180-995-882　　結果 0180-995-883

| 　津　 |・・・〒514-0815 三重県津市大字藤方 637　　　　　　　　℡059-224-5105
気象・艇 0180-995-990　　オッズ-995-991,994　　実況 0180-995-992　　結果 0180-995-993

| 三　国 |・・・〒913-8533 福井県坂井郡三国町池上 80-1　　　　　　℡0776-77-3131
気象・艇　　　　　　　　　オッズ 0180-997-799　　実況 0180-997-700　　結果 0180-997-788,722

| 琵琶湖 |・・・〒520-0023 滋賀県大津市茶が崎 1-1　　　　　　　　℡077-522-0314
気象・艇 0180-997-993　　オッズ 0180-997-991　　実況 0180-997-992　　結果-997-994,995

| 住之江 |・・・〒559-0023 大阪府大阪市住之江区泉 1-1-71　　　　　℡06-6685-5112
気象・艇 0180-996-789　　オッズ 0180-996-456　　実況 0180-996-457　　結果-996-123,124

| 尼　崎 |・・・〒660-0082 兵庫県尼崎市水明町 199-1　　　　　　　℡06-6419-3181
気象・艇 0180-996-555　　オッズ 0180-996-777　　実況 0180-996-444　　結果-996-888,999

| 鳴　門 |・・・〒772-8510 徳島県鳴門市撫養町大桑島字㇐岩浜 48　　℡088-685-8111
気象・艇 0180-998-666 オッズ 0180-998-444,331 実況 0180-998-333 結果 0180-998-555

| 丸 亀 |・・・〒763-0011 香川県丸亀市富士見町 4-1-1 | ℡0877-23-5141 |

気象・艇 0180-998-200　オッズ-998-400,650　実況 0180-998-100　結果-998-500,750

| 児 島 |・・・〒711-0922 岡山県倉敷市児島元浜町 6-3 | 086-472-5051 |

気象・艇 0180-998-111　オッズ 0180-998-112　実況 0180-998-000　結果-998-222,223

| 宮 島 |・・・〒739-0411 広島県廿日市市宮島口 1-15-60 | ℡0829-56-1122 |

気象・艇 0180-998-002　オッズ 0180-998-003　実況 0180-998-001　結果-998-302,303

| 徳 山 |・・・〒745-0802 山口県周南市大字栗屋 1033 | ℡0834-25-0540 |

気象・艇 0180-998-305,306　オッズ 0180-998-005　実況-998-004　結果-998-306,006

| 下 関 |・・・〒752-8511 山口県下関市長府松小田東町 1-1 | ℡0832-46-1161 |

気象・艇 0180-998-008　オッズ 0180-998-008　実況 0180-998-007　結果 0180-998-009

| 若 松 |・・・〒808-0075 福岡県北九州市若松区赤岩町 13-1 | ℡093-791-3400 |

気象・艇　オッズ 0180-999-501　実況 0180-999-500　結果 0180-999-502,503

| 芦 屋 |・・・〒807-0133 福岡県遠賀郡芦屋町大字芦屋 3540 | ℡093-223-0581 |

気象・艇 0180-999-660　オッズ 0180-999-601　実況 0180-999-600　結果-999-602,603

| 福 岡 |・・・〒810-0071 福岡県福岡市中央区那ノ津 1-6-1 | ℡092-771-6061 |

気象・艇 0180-999-701　オッズ 0180-999-704　実況 0180-999-700　結果-999-702,705

| 唐 津 |・・・〒847-0031 佐賀県唐津市原 1116 | ℡0955-77-1311 |

気象・艇 0180-999-802,805　オッズ 0180-999-800　実況-999-801　結果-999-803,304

| 大 村 |・・・〒856-0834 長崎県大村市玖島 1-15-1 | ℡0957-54-4111 |

気象・艇 0180-999-972　オッズ 0180-999-973,974　実況-999-900　結果-999-970,971

気象・艇（部品交換、チルト）展示タイム、オッズなどが競艇場により、一緒になっているところもあります。

(1) **必要な情報**

　　方向出目用紙の予想は、選手の全国・当地の勝率、早見などで的中予想ができるものであり、それに風向なども考慮すれば面白さが増すものであります。

(2) **予想に必要な情報収集**

　　出走表はＦＡＸで取り出せる競艇場もあり、ＦＡＸで送信してくれるところもあります。（無料）

　　スポーツ新聞やパソコン（http://www.kyotei.or.jp/）からも入手が可能。

(1) 電話情報収集、開催案内、気象状況、払戻金

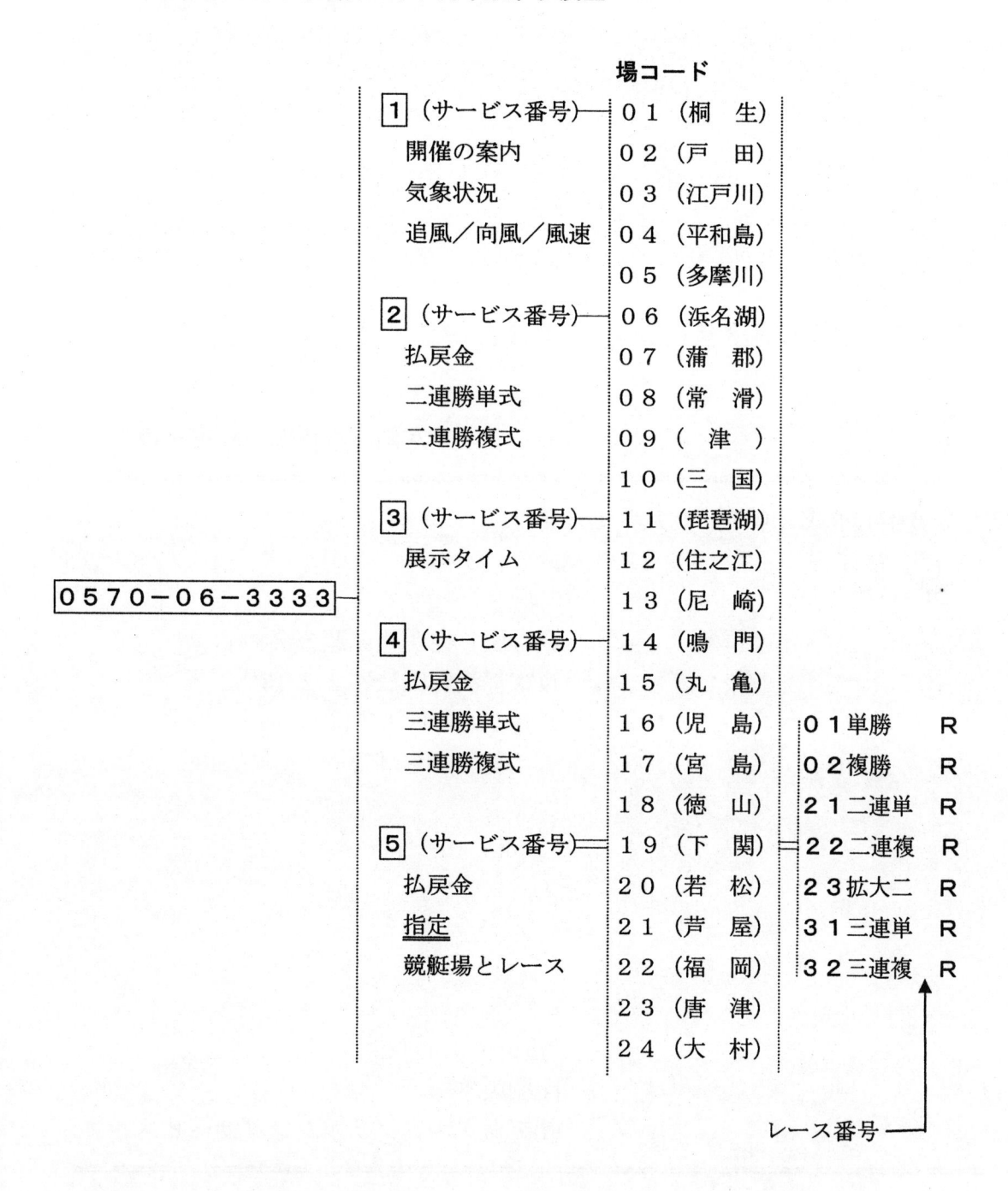

|0570-06-3333|

場コード

1 (サービス番号)─ 01（桐　生）
　開催の案内　　　02（戸　田）
　気象状況　　　　03（江戸川）
　追風／向風／風速　04（平和島）
　　　　　　　　　05（多摩川）
2 (サービス番号)─ 06（浜名湖）
　払戻金　　　　　07（蒲　郡）
　二連勝単式　　　08（常　滑）
　二連勝複式　　　09（　津　）
　　　　　　　　　10（三　国）
3 (サービス番号)─ 11（琵琶湖）
　展示タイム　　　12（住之江）
　　　　　　　　　13（尼　崎）
4 (サービス番号)─ 14（鳴　門）
　払戻金　　　　　15（丸　亀）
　三連勝単式　　　16（児　島）　01単勝　　R
　三連勝複式　　　17（宮　島）　02複勝　　R
　　　　　　　　　18（徳　山）　21二連単　R
5 (サービス番号)─ 19（下　関）　22二連複　R
　払戻金　　　　　20（若　松）　23拡大二　R
　指定　　　　　　21（芦　屋）　31三連単　R
　競艇場とレース　22（福　岡）　32三連複　R
　　　　　　　　　23（唐　津）
　　　　　　　　　24（大　村）

レース番号

レイアウト© INVENTION DEVELOPMENT FEDERATION

競艇財テック　方向出目による的中率の実績　　ＳＧ戦　　３日目

定価（本体2,700円＋税）

２００８年（平成２０年）３月３１日発行

発行所　　発明開発連合会®©
東京都渋谷区渋谷 2-2-13
電話 03-3498-0751㈹
著　者　ましば寿一

Printed in Japan
印刷製本
㈱デジタルパブリッシングサービス

著作権法での例外を除き、本書の無断コピーは禁じています。無断で複写（コピー）をする場合は、あらかじめ当方あてに許諾を求めて下さい。